DU CRÉDIT MARITIME

ET

DE LA LOI SUR L'HYPOTHÈQUE DES NAVIRES

RÉSUMÉ

DES VŒUX ET DES OPINIONS ÉMISES

DANS LES

Enquêtes de 1866, 1870 et 1873

DU CRÉDIT MARITIME

ET

DE LA LOI SUR L'HYPOTHÈQUE DES NAVIRES

RÉSUMÉ

DES VŒUX ET DES OPINIONS ÉMISES

DANS LES

Enquêtes de 1866, 1870 et 1873

DU CRÉDIT MARITIME

AVANT-PROPOS

La Marine marchande dépérit.

Pour prévenir sa ruine, trois moyens ont été proposés :

1° Modifier la réglementation qui la gêne et alléger les taxes qui la grèvent ;

2° Donner des primes à l'armement et à la construction ;

3° Susciter des institutions de crédit qui lui viennent en aide.

Le premier moyen peut être utile, mais il est insuffisant.

Le second, agissant seul et sans l'auxiliaire du crédit maritime, n'atteindrait pas complétement le but.

Le crédit maritime, en procurant du travail à nos chantiers de construction, et à l'armement un outillage perfectionné, peut seul rendre à notre Marine l'impulsion dont elle a besoin.

La Marine marchande ne peut revivre qu'en transformant son matériel et son organisation. Elle doit faire pour les transports de mer ce qu'a fait le chemin de fer pour les transports de terre, — c'est-à-dire y introduire la rapidité, la concentration et la régularité, ces trois conditions de succès.

La navigation à vapeur multipliera le fret sur mer comme le chemin de fer a multiplié le trafic sur terre. Depuis l'ouverture du canal de Suez, le commerce de l'Inde, de la Chine, du Japon et de l'Australie n'est praticable que par la vapeur; c'est ce qui a déterminé l'Angleterre à vendre à vil prix une partie de ses navires à voiles pour leur substituer des navires à vapeur. C'est parce que l'Angleterre possède la plus nombreuse marine à vapeur, qu'elle prend la plus large part dans la navigation de concurrence de tous les ports d'Europe.

La transformation de notre matériel naval, pour être efficace, doit, comme en Angleterre, s'accomplir rapidement, résolûment et dans de larges proportions. Des essais timides, sans ensemble et lentement exécutés, la compromettraient en trompant les espérances qu'elle fait naître. Ce n'est que depuis que leur réseau est complet, que les chemins de fer ont donné tous leurs résultats.

Une prompte et large transformation de notre matériel naval exige un capital considérable. Ce capital ne peut être attiré vers les opérations maritimes qu'à l'aide du crédit. C'est pour lui servir de base, que la loi sur l'hypothèque maritime a été votée.

Mais, pour que cette loi soit efficace, il faut une institution qui la féconde; le navire est comme la terre, il faut lui venir en aide.

Cette institution doit surgir de l'initiative des grandes compagnies financières; Law a dit avec raison : « Tout crédit doit venir d'en haut. » C'est à ces compagnies qu'il incombe de former le fonds social; c'est à elles, en outre, qu'il appartient d'attirer, sous forme d'obligations, le capital flottant vers les opérations maritimes et de surmonter ses hésitations par la perspective d'une complète sécurité.

Cette sécurité serait complète, si le gouvernement accordait à ces obligations des immunités analogues à celles qui ont été concédées pour venir en aide à la propriété foncière et si la société de Crédit maritime était tenue de se renfermer strictement dans le cercle d'opérations pour lesquelles elle serait instituée.

Le moment pour fonder une institution de Crédit maritime est opportun; nos Assemblées nouvelles, désireuses d'attester dès leur début leur zèle pour les grands intérêts du pays, n'y refuseraient pas leur adhésion, et le capital français, désabusé des hasards de placements étrangers, accepterait sans hésiter un emploi national n'offrant aucune chance de pertes.

La loi sur l'hypothèque maritime qui doit servir de base à l'organisation du Crédit naval a suscité des inquiétudes dans le sein de quelques Compagnies d'assurance ; on a mis en doute son efficacité, on a manifesté la crainte que le fonctionnement régulier de l'assurance en reçut quelque atteinte. C'est pour calmer ces craintes et dissiper ces doutes que cet écrit est publié.

Quand un vêtement est mis à l'essai pour la première fois, il cause tout d'abord quelque gêne; puis il s'assouplit, il se plie à toutes les habitudes du corps qui le porte et finit, s'il est de bonne étoffe, par faire un long usage et paraître excellent en tous points.

Il en est ainsi de toutes les nouvelles lois : la critique n'y voit tout d'abord que le trouble apporté à d'anciennes habitudes; mais, insensiblement, les petits inconvénients de détail disparaissent, et il ne reste plus que les avantages que le pays en recueille.

Tel est et tel sera le sort de la loi sur l'hypothèque maritime. Le commerce des assurances s'en inquiète, il n'y voit que l'ennui de changer ses formules et ses vieux errements; mais, quand il aura fini par y plier ses pratiques et ses stipulations, il cessera de la critiquer et s'empressera de reconnaître son excellence et son utilité.

A. CLAPIER,

Ancien Député de Marseille.

L O I

AYANT POUR OBJET DE RENDRE LES NAVIRES SUSCEPTIBLES D'HYPOTHÈQUE

Des 22 mai, 30 juin et 10 décembre 1874.

L'Assemblée nationale a adopté la loi dont la teneur suit :

ARTICLE PREMIER.

Les navires sont susceptibles d'hypothèque; ils ne peuvent être hypothéqués que par la convention des parties.

ART. 2.

Le contrat par lequel l'hypothèque maritime est consentie doit être rédigé par écrit; il peut être fait par actes sous signatures privées.

Pour l'inscription de l'hypothèque, l'acte sous-seing privé ne sera passible que du droit fixe de 2 francs. Mais le droit proportionnel pourra être ultérieurement exigé dans les cas où les actes sous seing privé y sont assujettis, conformément aux lois sur l'enregistrement.

ART. 3.

L'hypothèque sur le navire ou sur portion du navire ne peut être consentie que par le propriétaire ou par son mandataire justifiant d'un mandat spécial.

ART. 4.

L'hypothèque consentie sur le navire ou portion du navire s'étend, à moins de convention contraire, au corps du navire, aux agrès, apparaux, machines et autres accessoires.

Art. 5.

L'hypothèque maritime peut être constituée sur un navire en construction. Dans ce cas, l'hypothèque doit être précédée d'une déclaration faite au bureau du receveur des douanes du lieu où le navire est en construction.

Cette déclaration indiquera la longueur de la quille du navire et approximativement ses autres dimensions, ainsi que son port présumé. Elle mentionnera l'emplacement de la mise en chantier du navire.

Art. 6.

L'hypothèque est rendue publique par l'inscription sur un registre spécial tenu par le receveur des douanes du lieu où le navire est en construction, où de celui où il est immatriculé.

Si le navire a déjà un acte de francisation, l'inscription doit être mentionnée au dos dudit acte par le receveur des douanes.

Dans tous les cas, l'inscription est, en outre, certifiée par lui immédiatement et sous la même date, sur le contrat d'hypothèque ou sur son expédition authentique dont la représentation lui aura été faite.

Art. 7.

Tout propriétaire d'un navire construit en France qui demande à le faire admettre à la francisation est tenu de joindre aux pièces requises à cet effet un état des inscriptions prises sur le navire en construction ou un certificat qu'il n'en existe aucune.

Les inscriptions non rayées seront reportées d'office à leurs dates respectives, par le receveur des douanes, sur l'acte de francisation, ainsi que sur le registre du lieu de la francisation, si ce lieu est autre que celui de la construction.

Si le navire change de port d'immatricule, les inscriptions non rayées sont pareillement reportées d'office par le receveur des douanes du nouveau port, où il est immatriculé, sur son registre et avec mention de leurs dates respectives.

Art. 8.

Pour opérer l'inscription, il est présenté au bureau du receveur des douanes un des originaux du titre constitutif d'hypothèque, lequel y reste déposé s'il est sous seing privé ou reçu en brevet, ou une expédition s'il en existe minute.

Il y est joint deux bordereaux signés par le requérant, dont l'un peut être porté sur le titre présenté. Ils contiennent :

1° Les noms, prénoms et domiciles du créancier et du débiteur, et leur profession, s'ils en ont une ;

2° La date et la nature du titre ;

3° Le montant de la créance exprimée dans le titre ;

4° Les conventions relatives aux intérêts et au remboursement ;

5° Le nom et la désignation du navire hypothéqué, la date de l'acte de francisation ou de la déclaration de sa mise en construction ;

6° Élection de domicile, par le créancier, dans le lieu de la résidence du receveur des douanes.

Art. 9.

Le receveur des douanes fait mention sur son registre du contenu aux bordereaux, et remet au requérant l'expédition du titre, s'il est authentique, et l'un des bordereaux au pied duquel il certifie avoir fait l'inscription.

Art. 10.

S'il y a deux ou plusieurs hypothèques sur la même part de propriété du navire, leur rang est déterminé par l'ordre de priorité des dates de l'inscription.

Les hypothèques inscrites le même jour viennent en concurrence nonobstant la différence des heures de l'inscription

Art. 11.

L'inscription conserve l'hypothèque, pendant trois ans, à compter du jour de sa date ; son effet cesse, si l'inscription n'a été renouvelée, avant l'expiration de ce délai, sur le registre tenu en douane, et mentionnée à nouveau sur l'acte de francisation, dès le retour du navire au port où il est immatriculé.

Art. 12.

Si le titre constitutif de l'hypothèque est à ordre, sa négociation par voie d'endossement emporte la translation du droit hypothécaire.

Art. 13.

L'inscription garantit, au même rang que le capital, deux années d'intérêt en sus de l'année courante.

Art. 14.

Les inscriptions sont rayées soit du consentement des **parties intéressées** ayant capacité à cet effet, soit en vertu d'un jugement en dernier ressort ou passé en force de chose jugée.

ART. 15.

A défaut de jugement, la radiation totale ou partielle de l'inscription ne peut être opérée, par le receveur des douanes, que sur le dépôt d'un acte authentique de consentement à la radiation, donné par le créancier ou son cessionnaire justifiant de ses droits.

Si l'acte se borne à donner mainlevée, le droit proportionnel sur le titre constitutif de l'hypothèque ne sera pas perçu.

Dans le cas où l'acte constitutif de l'hypothèque est sous seing privé, ou si, étant authentique, il a été reçu en brevet, il est communiqué au receveur des douanes, qui y mentionne, séance tenante, la radiation totale ou partielle.

Si l'acte de francisation lui est représenté simultanément ou ultérieurement, le receveur des douanes est tenu d'y mentionner à sa date, la radiation totale ou partielle.

ART. 16.

Le receveur des douanes est tenu de délivrer à tous ceux qui le requièrent, l'état des inscriptions subsistantes sur un navire, ou un certificat qu'il n'en existe aucune.

ART. 17.

En cas de perte ou d'innavigabilité du navire, les droits des créanciers s'exercent sur les choses sauvées ou sur leur produit alors même que les créances ne seraient pas encore échues. Ils s'exercent également, dans l'ordre des inscriptions, sur le produit des assurances qui auraient été faites par l'emprunteur sur le navire hypothéqué. Dans le cas prévu par le présent article, l'inscription de l'hypothèque vaut opposition au paiement de l'indemnité d'assurance.

Les créanciers inscrits ou leurs cessionnaires peuvent, de leur côté, faire assurer le navire pour la garantie de leurs créances.

Les assureurs avec lesquels ils ont contracté l'assurance, sont, lors du remboursement, subrogés à leurs droits contre le débiteur.

ART. 18.

Les créanciers ayant hypothèque inscrite sur un navire ou portion de navire, le suivent, en quelques mains qu'il passe, suivant l'ordre de leurs inscriptions.

Si l'hypothèque ne grève qu'une portion de navire, le créancier ne peut saisir et faire vendre que la portion qui lui est affectée. Toutefois, si plus de la moitié du navire se trouve hypothéquée, le créancier pourra, après saisie, le faire vendre en totalité, à charge d'appeler à la vente les co-propriétaires.

Dans tous les cas de co-propriété autres que ceux qui résultent d'une succession ou de la dissolution d'une communauté conjugale par dérogation à l'art. 883 du Code civil, les hypothèques consenties durant l'indivision par un ou plusieurs des co-propriétaires sur une portion de navire continuent à subsister après le partage ou la licitation.

Toutefois, si la licitation s'est faite en justice dans les formes déterminées par les art. 204 et suivants du Code de commerce, le droit des créanciers n'ayant hypothèque que sur une portion du navire sera limité au droit de préférence sur la partie du prix afférente à l'intérêt hypothéqué.

Art. 19.

L'acquéreur d'un navire ou d'une portion de navire hypothéqué, qui veut se garantir des poursuites autorisées par l'article précédent, est tenu, avant la poursuite, ou dans le délai de quinzaine, de notifier à tous les créanciers inscrits sur l'acte de francisation, au domicile élu dans les inscriptions :

1° Un extrait de son titre indiquant seulement la date et la nature de l'acte, le nom du vendeur, le nom, l'espèce et le tonnage du navire, et les charges faisant partie du prix ;

2° Un tableau, sur trois colonnes, dont la première contiendra la date des inscriptions, la seconde, le nom des créanciers, la troisième, le montant des créances inscrites.

Art. 20.

L'acquéreur déclarera par le même acte, qu'il est prêt à acquitter sur-le-champ les dettes hypothécaires jusqu'à concurrence seulement de son prix, sans distinction des dettes exigibles ou non exigibles.

Art. 21.

Tout créancier peut requérir la mise aux enchères du navire ou portion de navire, en offrant de porter le prix à un dixième en sus, et de donner caution pour le paiement du prix et des charges.

Art. 22.

Cette réquisition signée du créancier doit être signifiée à l'acquéreur dans les dix jours des notifications. Elle contiendra assignation devant le tribunal civil du lieu où se trouve le navire, ou, s'il est en cours de voyage, du lieu où il est immatriculé, pour voir ordonner qu'il sera procédé aux enchères requises.

Art. 23.

La revente aux enchères aura lieu à la diligence soit du créancier qui l'aura requise, soit de l'acquéreur, dans les formes établies pour les ventes sur saisie.

Art. 24.

La réquisition de mise aux enchères n'est pas admise en cas de vente judiciaire.

Art. 25.

Faute par les créanciers de s'être réglés entre eux, à l'amiable, dans le délai de quinzaine pour la distribution du prix offert par la notification ou produit par la surenchère, il y est procédé entre les créanciers privilégiés, hypothécaires et chirographaires dans les formes établies en matière de saisie. En cas de distribution du prix d'un navire hypothéqué, l'inscription vaut opposition au profit du créancier inscrit. Les créanciers auront un mois pour produire leurs titres à compter de la sommation qui leur aura été adressée.

Art. 26.

Le propriétaire qui veut se réserver la faculté d'hypothéquer son navire en cours de voyage est tenu de déclarer, avant le départ du navire, au bureau du receveur des douanes du lieu où le navire est immatriculé, la somme pour laquelle il entend pouvoir user de ce droit.

Cette déclaration est mentionnée sur le registre du receveur et sur l'acte de francisation, à la suite des hypothèques déjà existantes,

Les hypothèques réalisées en cours de voyage sont constatées sur l'acte de francisation : en France et dans les possessions françaises, par le receveur des douanes ; à l'étranger, par le consul de France ou, à défaut, par un officier public du lieu du contrat. Il en est fait mention, par l'un ou par l'autre, sur un registre spécial qui sera conservé pour y avoir recours, au cas de perte de l'acte de francisation, par naufrage ou autrement, avant le retour du navire. Elles prennent rang du jour de leur inscription sur l'acte de francisation.

La mention faite en vertu du paragraphe 2 du présent article ne pourra être supprimée qu'après le voyage accompli et sur la présentation de l'acte de francisation.

Art. 27.

Les paragraphes 9ᵉ de l'article 191 et 7ᵉ de l'article 192 du code de commerce sont abrogés.

L'article 191 du même code est terminé par la disposition suivante :

« Les créanciers hypothécaires sur le navire viendront dans leur ordre « d'inscription après les créances privilégiées. »

Art. 28.

L'article 233 du code de commerce est modifié ainsi qu'il suit :

« Si le bâtiment est frété du consentement des propriétaires et que quelques-« uns fassent refus de contribuer aux frais nécessaires pour l'expédition, le capi-« taine peut, en ce cas, vingt-quatre heures après sommation faite aux refusants « de fournir leur contingent, emprunter hypothécairement pour leur compte sur « leur part dans le navire avec l'autorisation du juge. »

Art. 29.

Les navires de 20 tonneaux et au-dessus seront seuls susceptibles de l'hypothèque créée par la présente loi.

Art. 30.

Le tarif des droits à percevoir par les employés de l'administration des douanes, et le cautionnement spécial à leur imposer, à raison des actes auxquels donnera lieu l'exécution de la présente loi, seront fixés par un décret rendu dans la forme des règlements d'administration publique.

La responsabilité de la régie des douanes, du fait de ses agents, ne s'applique pas aux attributions conférées aux receveurs, par les dispositions qui précèdent.

La loi sera exécutoire à partir du 1ᵉʳ mai 1875.

Délibéré en séances publiques, à Versailles, les 22 mai, 30 juin et 10 décembre 1874.

Le Président,
Signé : L. Buffet.

Les Secrétaires,
Signé : Félix Voisin, Vandier, Vicomte Blin de Bourdon, Duchatel.

DE LA LOI SUR L'HYPOTHÈQUE MARITIME

CONSIDÉRATIONS GÉNÉRALES

La loi du 10 décembre 1874 sur l'hypothèque maritime a suscité d'assez vives critiques; quelques Compagnies d'assurances s'en sont émues. L'hypothèque maritime, pratiquée sans inconvénient et au grand avantage de la Marine marchande en Angleterre, en Allemagne, en Italie, a paru à certains assureurs présenter en France de sérieux dangers; ses dispositions, mal comprises, interprétées à l'aide d'un formalisme étroit, ont été signalées comme également contraires à l'intérêt des prêteurs, des armateurs et des assureurs.

Les hommes les plus compétents ont déclaré, dans les enquêtes de 1866, 1870 et 1873, que la constitution du crédit maritime était le meilleur moyen de procurer à notre Marine marchande un secours efficace, les Chambres de commerce des grands ports ont partagé cette opinion; les conclusions adoptées par les Commissions de 1866 et 1873 proclament unanimement cette nécessité (1); l'utilité de l'hypothèque maritime ne saurait donc être contestée en principe; d'autre part, la loi du 10 décembre 1874 a été élaborée dans le sein de l'Assemblée nationale par les jurisconsultes les plus éminents, les hommes les plus versés dans ces questions ont pris part à la discussion; pas une des critiques qui se produisent aujourd'hui n'a été soulevée. L'application pratique de la loi ne peut donc soulever aucun doute sérieux.

---

(1) La Commission a été UNANIME à reconnaître qu'il importe d'organiser l'hypothèque maritime, pour fournir à la marine marchande un instrument de crédit dont les marines de plusieurs pays ont tiré un grand parti. (*Rapport de M. Dupuy de Lôme* (*Commission de 1873, p. 430.*)

D'où viennent donc ces inquiétudes qui se manifestent au sein de certaines Compagnies d'assurances? Comment se fait-il que l'un de leurs représentants les plus autorisés ait pu écrire ces mots : « Si, ce qui n'est pas douteux, on veut faire quelque chose d'utile à la Marine marchande, la première chose à faire, c'est d'abroger la loi du 10 décembre 1874? » Comment a-t-il pu ajouter ceci : « S'il ne s'agissait que d'une loi inutile... je m'en inquiéterais peu ; mais il n'en est point ainsi : Du jour où elle entrera en vigueur, jusqu'à son dernier moment, cette loi blessera d'une manière permanente la Marine, qu'elle prétend favoriser, alors même que celle-ci renoncerait à profiter de ses faveurs (1). »

Comment se fait-il que certaines Compagnies aient décrété l'insertion dans leur police de la clause suivante : « La condition de la présente Police est que le navire ne soit grevé d'aucune hypothèque maritime actuelle ou éventuelle. — Il est interdit, à peine de nullité de la Police, pour les risques restant à courir, de faire pendant la durée des risques aucun emprunt hypothécaire sur le navire sans le consentement des assureurs » ?

Comme député de l'un de nos grands ports de France, et sur l'invitation de sa Chambre de Commerce, j'ai discuté et voté la loi sur l'hypothèque maritime; je crois de mon devoir de la défendre.

Je veux donc essayer de prouver :

Qu'elle est utile pour permettre à notre marine de reconstituer son matériel naval;

Qu'elle ne compromet les intérêts ni des armateurs, ni des prêteurs, ni des assureurs;

Qu'elle peut fonctionner indépendamment des modifications que le projet de loi de 1867 devait apporter à notre législation maritime, notamment en ce qui concerne la saisie et vente des navires et le prêt à la grosse;

Que, sans constituer, comme l'aurait désiré un élégant écrivain,

---

(1) *L'Hypothèque maritime* (Billette, p. 61)

un monument harmonieux dans ses proportions, et complétement satisfai-
sant au point de vue artistique, cette loi, juridique dans son principe
et parfaitement applicable dans ses détails, réunit tous les caractères
d'une bonne et utile institution.

D'où il suit que la clause dont quelques assureurs réclament
l'insertion dans leur Police est exorbitante, sans utilité, et constitue une protestation malheureuse contre une loi dont l'application,
combinée avec de sages stipulations dans les Polices, doit leur être
avantageuse. En effet, une loi destinée à améliorer et à développer
les armements maritimes doit avoir pour résultat d'ouvrir un champ
plus vaste au commerce des assurances. Elle doit diminuer ses risques en donnant à la marine marchande le moyen de substituer un
outillage neuf et perfectionné à un outillage défectueux et vieilli. En
suscitant, par la perspective de larges crédits, la création de grandes
Compagnies, elle doit garantir les assureurs de ces pertes douteuses,
de ces innavigabilités équivoques que leur font subir quelquefois
des armateurs inconnus, qui, par malice ou faute d'un capital suffisant, exposent leurs navires à des dépérissements anticipés.

UTILITÉ DE L'HYPOTHÈQUE MARITIME

L'utilité de l'hypothèque maritime peut être considérée dans
ses rapports avec la construction, l'armement et l'assurance :

L'utilité de l'hypothèque maritime dans ses rapports avec la
construction des navires est unanimement reconnue. Le payement
d'un navire construit en France se fait un tiers à la pose de la quille,
un tiers à la mise à l'eau et un tiers à la livraison. Mais, comme le
navire en construction demeure la propriété du constructeur jusqu'à
la livraison, l'armateur qui a fait les avances des deux tiers de la
valeur se trouve, en cas de faillite du constructeur, exposé à perdre
tout ou partie de ses avances; l'hypothèque prise sur le navire en
construction le met à l'abri de ce danger.

De plus l'obligation de payer intégralement un navire au moment de la livraison est quelquefois onéreuse : les constructeurs français obtiendraient probablement de plus nombreuses commandes s'ils pouvaient accorder au moyen de l'hypothèque certaines facilités de payement, ou si les armateurs n'étaient pas obligés de consacrer à l'entier payement de leur navire une trop large portion de leur capital.

L'utilité de l'hypothèque dans ses rapports avec l'armateur est tout aussi évidente.

D'abord un navire constitue une propriété importante, il est de toute justice de ne pas priver l'armateur du moyen de l'employer comme ressource, soit pour développer ses opérations commerciales, soit pour suffire aux nécessités d'une situation difficile.

Puis il en est de la navigation comme de toutes les industries: elle tend à s'exercer, à l'avenir, par grandes masses et par grandes Compagnies; mais la réunion des capitaux nécessaires aux grandes Compagnies n'est pas sans difficulté: une institution qui permettrait de compléter le capital primitif par le crédit, de ne pas l'absorber tout entier dans la construction du matériel flottant, d'en réserver une certaine part comme fonds de roulement pour les besoins commerciaux serait évidemment pour notre marine un puissant auxiliaire.

Mais là n'est pas le point plus important; la cause de l'infériorité de notre marine, c'est l'infériorité de son outillage.

Lorsqu'en 1860, le gouvernement, en compensation du système protecteur aboli, voulut donner à notre industrie le moyen de se défendre contre l'industrie anglaise, il lui prêta 40 millions pour refaire son outillage; grâce à ce secours, l'industrie française a pu soutenir la lutte. En donnant à notre Marine, par des institutions de crédit, le moyen d'améliorer et de compléter son matériel, le gouvernement de 1876 fera pour elle ce que le gouvernement de 1860 a fait pour l'industrie, obtiendra le même résultat et méritera les mêmes approbations ;

Le transport par mer subit en ce moment la même transformation que le chemin de fer a fait subir il y a déjà quarante ans aux transports par terre ; la vapeur doit sur mer se substituer à la voile comme elle s'est substituée sur terre au chariot suranné : le transport à vapeur développera le fret sur mer, comme il a développé le trafic sur terre.

Le mouvement de la navigation dans les ports français en 1872 (entrées et sorties réunies) a été de 8,470,000 tonnes, dont 2,798,000 tonnes françaises, 4,450,000 tonnes étrangères directes et 1,222,000 étrangères de tiers pavillon ! — soit pour le pavillon français 28 %, pour le pavillon étranger 53 %, pour le pavillon tiers 14 %. Le moyen de reprendre à la navigation étrangère le fret qu'elle vient chercher dans nos ports, c'est de lutter contre elle à armes égales. Il est remarquable, en effet, que le pavillon étranger à pris part à cet enlèvement du fret français, proportionnellement à l'importance de la Marine à vapeur de chacune des puissances à laquelle il appartient.

Le percement de l'Isthme de Suez est venu imposer à ce mouvement de transformation une nouvelle nécessité ; l'avenir du commerce du monde est désormais à l'extrême orient ; le commerce des deux Amériques a atteint ses limites naturelles, c'est dans l'Inde, en Chine, en Australie, au Japon, qu'est le progrès : il y a là trois cents millions de consommateurs à conquérir à notre industrie et une source inépuisable de matières brutes à offrir à son activité.

La route inévitable de l'Orient, c'est le Canal de Suez, et sa traversée ne peut s'accomplir que par navires à vapeur ; or, quelle est, à cet égard, l'infériorité du commerce français ? la voici :

Le trajet du canal de Suez a été en 1874 de 2,437,672 tonnes ; l'Angleterre à pris part à ce mouvement pour 1,707,494 tonnes et la France pour 222,944 tonnes, dont, pour les navires de l'État, 49,055 tonnes, pour la compagnie subventionnée des messageries maritimes accomplissant un service postal, 165,602 tonnes ; pour la même compagnie accomplissant des voyages commerciaux 4,059 tonnes, et pour les navires de commerce libres, 4,227 tonnes. C'est à l'insti-

3

tution du crédit maritime qu'il appartient de faire cesser cette dou-
loureuse infériorité !

Car la transformation de notre matériel naval n'est pas une
entreprise de médiocre importance.

L'effectif de la Marine marchande en France comprenait, en 1876 :

882.862 tonnes de navires à voiles ;

185.165 tonnes de navires à vapeur mus par une force collec-
tive nominale de 68.960 chevaux.

1.068.031 tonneaux.

Leur valeur actuelle est, savoir :

Pour 882.860 tonnes à voile au prix de 200 francs la tonne,
de. . . . . 176.000.000 fr.

Pour 185.161 tonnes nettes à vapeur au
prix de 400 francs la tonne, de. 74.000.000

Pour 68.960 chevaux de
vapeur au prix de 1.000 francs
par cheval. 68.000.000

142.000.000

TOTAL. . . . . . . 318.000.000 fr.

Le renouvellement annuel de ce matériel, calculé sur la moyenne
des constructions des trois années 1869, 1870 et 1871, entraîne les
dépenses suivantes :

Voiliers construits en France. . . . . 29.440 tonnes.

— achetés à l'étranger. . . . . 23.270 —

TOTAL. . . . . . . 52.710 tonnes.

Lesquels, au prix moyen de 350 francs la
tonne, coûtent . . . . 18.448.500 fr.

Vapeurs construits en France. . . . . . .   13.250 tonnes.

—   achetés à l'étranger. . . . .   7.355   —

TOTAL (1) . . . .   20.605 tonnes.

Lesquels, au prix de 600 francs la tonne, coûtent . . . .   12.363.000 fr.

A quoi il faut ajouter environ 4.000 chevaux de force nominale; lesquels, au prix de 1,200 fr., par force de cheval, coûtent . . . .   4.800.000 fr.

TOTAL GÉNÉRAL. . . . . . .   35.611.500 fr.

Ce n'est pas tout : la flotte marchande de l'Angleterre comprend aujourd'hui :

4.250.000 tonneaux de voiliers;

1.700.000 tonneaux de vapeurs;

Soit 1 tonne vapeur pour 2 tonnes 1/2 de voiliers.

En France, la proportion n'est encore aujourd'hui que de 1 tonne vapeur par 4 tonnes 7/10 voiliers.

Pour atteindre en France la proportion anglaise d'une tonne vapeur contre 2 tonnes 1/2 voiliers, il faudrait posséder 340.000 tonneaux vapeur et 135.000 chevaux de force !

Pour compléter cet effectif, il faudrait dépenser 93.000.000 francs pour les coques, à raison de 600 francs la tonne nette neuve; 86.000.000 francs pour les moteurs à raison de 1.200 francs par cheval de force nominal, soit 173.000.000 francs.

Une Société de Crédit maritime, basée sur l'application de l'hypothèque maritime, peut seule fournir cette somme à la Marine marchande.

---

(1) Rapport de M. Dupuy de Lôme, Commission de 1873, p. 468.

Dans le sein de la Commission de 1873 quelques armateurs ont dit : Ce n'est pas l'argent qui manque à la Marine marchande, ce sont les frets, ce ne sont même pas les frets, ce sont les frets rémunérateurs; donnez à la Marine des frets rémunérateurs, et elle trouvera de l'argent pour construire des navires.

Mais la première condition pour avoir des frets rémunérateurs et abondants, c'est un bon matériel. Un matériel suranné, avec ses longs trajets, ses réparations fréquentes, ses voyages irréguliers, ne pourra jamais lutter contre un matériel perfectionné, à course rapide et consommant peu. Un matériel rapide développera et suscitera le fret sur mer, comme le chemin de fer a suscité et décuplé le trafic sur terre. Ce fait a été constaté dans la discussion relative au renouvellement du traité des Messageries maritimes : « Il est constant, a dit M. le Rapporteur, que depuis leur voyage dans l'Indo-Chine. les Messageries maritimes ont pris à l'Angleterre une notable part de l'énorme et important négoce des soies; au Brésil et à la Plata, leurs bateaux ont donné aux échanges de tout genre un tel développement que là surtout il leur serait impossible de transporter la cinquième partie des marchandises constituant le commerce dont on leur est redevable (1). » Vouloir de bons frets avec un matériel insuffisant, c'est vouloir obtenir l'effet avant la cause, c'est chercher à rebours la solution du problème de la Marine marchande.

Si l'hypothèque maritime doit être utile aux constructeurs et aux armateurs, comment pourrait-elle être préjudiciable aux assureurs ? Ce qu'il faut aux assureurs, ce sont des risques nombreux, offrant peu de chances de pertes, et de grandes Compagnies dont la loyauté écarte tout soupçon de fraude; l'hypothèque maritime, en permettant de renouveler notre matériel naval et d'organiser de grandes Compagnies de navigation, leur offrira tous ces avantages.

Un écrivain d'une expérience consommée en matière d'assurances, en parlant des armements maritimes, a écrit ceci : « La pé-

---

(1) Rapport de M. Bouchet, séance du Vendredi 23 Juillet 1875.

nurie de ressources et le manque de fonds de roulement se font sentir
sur tout : sur l'entretien du navire, sur les réparations opportunes,
sur le nombre et la qualité des hommes de l'équipage, sur les consé-
quences des relâches et des petits accidents de la route. C'est un
axiome professionnel : « Armement besoigneux, mauvais risque (1) ».

L'hypothèque maritime est précisément le moyen de remédier à cette pénurie de ressources et à ce manque de fonds de roulement qui accroissent dans une si large mesure les chances de la navigation.

C'est ce qui explique comment il se fait que ce même écrivain,
aujourd'hui adversaire déclaré de l'hypothèque maritime, en a été
l'un des plus ardents promoteurs dans la Commission instituée pour
rédiger un projet de réforme du titre III du Code de commerce.

L'hypothèque maritime, dit-il, telle que l'avait organisée le
projet de réforme du titre III du Code de commerce, avait pour cor-
rollaire et pour correctif des modifications profondes apportées dans
la procédure sur la saisie ou vente des navires, et sur le billet de
grosse.

Or, en quoi ces modifications pouvaient-elles influer sur l'adop-
tion de l'hypothèque maritime et intéresser les assureurs? La prin-
cipale de ces modifications était la suppression de l'emprunt à
la grosse au départ du navire. Cette suppression a été admise par la
loi du 10 décembre 1874.

Quant aux dispositions relatives à l'abréviation des délais de procédure, à la compétence du Tribunal de commerce pour la vente des
navires et à la nomination d'un sequestre judiciaire pour laisser au
propriétaire du navire le temps nécessaire pour se libérer par l'aban-
don du navire et du fret, ce sont là des détails auxquels le contrat
d'assurance demeure complétement étranger, et qui ne modifient
pas le moins du monde l'hypothèque maritime.

Voici maintenant les objections sur lesquelles les assureurs pa-
raissent se fonder pour contester l'efficacité de l'hypothèque maritime.

____

(1) *M. de Courcy* (*Journal du Havre*).

OBJECTIONS

PREMIÈRE OBJECTION. — La loi sur l'hypothèque maritime, dit-on, impose à l'assureur, en cas de paiement de la perte, l'obligation de vérifier avec une scrupuleuse exactitude l'identité du navire ; de constater son nom, celui du capitaine, son port d'immatricule ; c'est une gêne ; de plus, elle rend, par cela même, impraticable les assurances éventuelles, telles, par exemple que celles faites sur navire X..., ou *plus vrai nom*, pour compte de qui il appartiendra.

Réponse. — L'obligation de constater l'identité du navire assuré est imposée à l'assureur par l'article 332 du Code de commerce ; la loi sur l'hypothèque maritime n'aggrave pas sa situation. — La production de l'acte de francisation sur lequel l'hypothèque est inscrite rend cette constatation facile et écarte toute chance d'erreur ; si quelques assureurs négligent l'observation de ces sages dispositions, c'est une chose utile que de les y ramener.

Quant aux assurances faites sur navire absent, d'un nom incertain et pour compte d'un propriétaire inconnu, ces assurances sont rares, et si elles présentent quelques chances d'erreur, ces chances, complétement indépendantes des hypothèques dont ces navires peuvent être grevés ont été acceptées par les assureurs, les vérifications plus étroites qu'elles imposent sont le résultat de leur libre consentement, ils n'ont pas à s'en plaindre. Ajoutons que les assurances sur navires innommés, comme les risques de facultés sur *in quo vis*, sont une des plus grandes causes de fraude : les rendre plus difficiles, c'est peut-être rendre service aux assureurs.

2me OBJECTION. —L'hypothèque sur portion du navire est inutile et dangereuse : Inutile, car les sommes ainsi prêtées sont rarement employées aux besoins de la navigation ; dangereuse, en ce sens qu'elle expose les propriétaires des portions non hypothéquées à une licitation souvent inopportune et presque toujours désastreuse.

Réponse. — Il n'y a pas plus de garantie pour l'hypothèque totale que pour l'hypothèque partielle que le produit sera employé aux besoins de la navigation ; il en est de ce fait comme de la somme empruntée sur une propriété rurale ; rien ne garantit que cette somme sera employée aux besoins de l'agriculture. Faut-il pour cela prohiber l'hypothèque foncière sur la part d'un immeuble indivis ?— L'hypothèque sur la portion d'un navire aura l'avantage de permettre à des marins intelligents et peu fortunés de s'intéresser dans l'armement d'un navire, et par ce moyen d'en obtenir le commandement. — Ce serait un double avantage : d'abord pour le capitaine auquel ce crédit procurerait le moyen d'utiliser son industrie, puis pour le navire, toujours mieux dirigé par un capitaine intéressé à sa conservation.— Quant à la crainte de voir le créancier hypothécaire provoquer la licitation du navire dans le cas où les parts hypothéquées formeraient la moitié de sa valeur, ce droit accordé au créancier hypothécaire n'est autre que celui qui, aux termes de l'article 220 du Code de commerce, appartient à son débiteur, dont il exerce les droits. Cette faculté peut d'ailleurs être toujours restreinte ou annulée par la convention contraire. Il est vrai que cette restriction n'est pas écrite dans l'article 18 de la loi du 10 décembre 1874, mais elle résulte de l'application du principe général qui veut que le créancier ne puisse, à l'égard des tiers, exercer de plus grands droits que ceux de son débiteur.

3ᵐᵉ Objection. — La nécessité d'inscrire l'hypothèque sur l'acte de francisation a de graves inconvénients : elle rend impossible la constitution en France d'une hypothèque sur un navire en cours de navigation ; — elle revèle au capitaine, et peut-être à d'autres, la situation de l'armateur. L'inscription sur le registre de la douane aurait suffi.

Réponse. — L'inscription sur l'acte de francisation est le pivot de tout le système de l'hypothèque maritime. C'est cette inscription qui donne surtout aux tiers la connaissance de l'hypothèque ; c'est par elle que l'hypothèque suit le navire en quelque lieu qu'il se trouve ; c'est cette formalité qui rend possible l'hypothèque contractée en pays étranger ; c'est aux seuls créanciers inscrits sur l'acte de francisation (article 19) que l'acquéreur d'un navire qui veut se garantir des hypothèque doit notifier son contrat.

Cette formalité, dit-on, révèle au capitaine la situation pécuniaire de l'armateur et diminue son crédit.

Mais c'est la conséquence de tout système de publicité ; quand le public commercial tout entier peut avoir connaissance de l'hypothèque d'un navire par le registre matricule de la douane, quel inconvénient y a-t-il que le capitaine, l'homme de confiance de l'armateur, la connaisse par l'acte de francisation ? Il n'y a pas en législation de demi-publicité, et là où elle est nécessaire, il faut qu'elle soit complète.

Cette formalité, ajoute-t-on, rend impossible l'hypothèque d'un navire en cours de navigation : un navire après son départ pourra toujours être hypothéqué dans un port de relâche ; que si l'hypothèque concédée au port du départ sur un navire en mer demeure incomplète jusqu'à son retour, c'est un faible inconvénient, si l'on considère le cas très-rare d'une hypothèque concédée dans de pareilles conditions ; c'est, du reste, un fait que l'emprunteur peut apprécier et dont il accepte toutes les chances.

4° Objection. — Le renouvellement de l'hypothèque après trois ans est impossible pour un navire en mer, car le prêteur n'a pas en mains l'acte de francisation sur lequel ce renouvellement doit être mentionné ; il est vrai que cet acte de francisation rentre au bureau des douanes au retour du voyage, mais il serait injuste d'imposer au receveur l'obligation de faire d'office ce renouvellement.

Réponse. — Le renouvellement de l'hypothèque maritime, comme celui de l'hypothèque territoriale, est fondé sur une présomption de paiement après un certain délai et sur la convenance de ne pas laisser l'acte de francisation surchargé d'inscriptions surannées et périmées.

L'inscription ainsi renouvelée sera inscrite sur la minute matricule de l'acte de francisation pour être transportée au retour du navire sur l'acte de francisation, qui sera déposé à la douane par le capitaine. Ce transport aura lieu non pas d'office, mais à la requête de la partie intéressée ; le receveur en prendra note et l'inscrira lors de la remise de l'acte de francisation. Or, comme aucun délai n'est fixé pour l'accomplissement de cette formalité, aucune déchéance ne sera encourue, sauf les cas ou les tiers auraient été induits en erreur. Il en sera de ce cas comme de la vente d'un navire qui se trouve en mer : elle est inscrite provisoirement sur le registre matricule, sauf régularisation au retour du navire à son port d'attache. Enfin, un prêteur attentif n'attendra pas le dernier moment pour renouveler son inscription, il devra faire ce renouvellement lorsque le navire hypothéqué se trouve dans le port, alors que l'acte de francisation est dans les bureaux de la douane. Il n'est pas de loi, si parfaite qu'elle soit, qui puisse dispenser de toute vigilance.

5ᵉ OBJECTION. — Le prêteur hypothécaire n'ayant action, aux termes de l'article 17 de la loi du 22 décembre 1874, que sur la somme due par les assureurs en cas de perte ou d'innavigabilité et ne pouvant rien réclamer sur les sommes dues pour avaries, le débiteur pourra toujours frustrer son créancier en usant de la faculté que lui donne l'article 409 du Code de commerce de convertir le délaissement en une simple action d'avarie.

Réponse. — Cet acte constituerait une fraude faite aux droits du créancier hypothécaire dont l'exécution tomberait sous l'application de l'article 1167 du Code civil. Le créancier hypothécaire pourrait, suivant les circonstances, y former opposition avant ou en demander la nullité après son accomplissement.

Le prêteur hypothécaire pourrait prévenir toute difficulté à cet égard, soit en stipulant dans son acte de prêt l'interdiction pour l'emprunteur d'user de cette faculté sans son autorisation, soit en se faisant nantir de la police d'assurance sans laquelle aucun règlement n'est possible entre l'assureur et l'assuré.

6ᵉ Objection. — La disposition de la loi qui déclare que l'inscription d'hypothèque vaut opposition au paiement de l'indemnité d'assurance oblige les assureurs à ne jamais payer une perte sans la production d'un certificat négatif : c'est une gêne qui atteint non-seulement les emprunteurs, mais le commerce maritime tout entier.

De plus, il peut se faire qu'une hypothèque périmée faute de renouvellement soit inscrite de nouveau depuis la délivrance du certificat négatif, et dans ce cas, les assureurs sont exposés à payer deux fois.

Réponse. — L'article 379 du Code de commerce oblige l'assuré, en cas de délaissement, de signifier à l'assureur les assurances qu'il a faites ou fait faire et l'argent qu'il a pris à la grosse. — Ne pourrait-on pas en induire par analogie qu'il doit aussi déclarer les emprunts hypothécaires qu'il a consentis ?

L'armateur se trouve, à l'égard de ses assureurs, dans la position d'un vendeur d'immeuble qui, bien que n'étant grevé d'aucune hypothèque, n'en est pas moins tenu de produire un certificat négatif.

L'assureur ayant trois mois pour effectuer son paiement, ce délai est plus que suffisant pour permettre à l'assuré de faire la justification réclamée sans s'exposer à des retards de paiements.

Quant au cas très-rare d'une hypothèque périmée qui serait renouvelée dans l'intervalle entre la délivrance du certificat négatif et le paiement, il y aurait tout d'abord à examiner si une hypothèque peut être renouvelée sur un navire qui aurait péri et alors qu'il n'existe plus qu'une action en indemnité contre les assureurs, action purement mobilière et, par cela même, non susceptible d'hypothèque, et si dans ce cas, le créancier qui aurait laissé périmer son inscription ne devrait pas y suppléer non par un renouvellement d'inscription devenu impossible, mais par une opposition directe en main des assureurs.

En admettant que le renouvellement soit légalement possible, les assureurs peuvent toujours se garantir de ses effets en réclamant le certificat hypothécaire à la date la plus voisine du paiement et en faisant déclarer dens la quittance, par l'assuré, qu'il n'existe aucune autre inscription que celles portées au certificat, déclaration dont l'inexactitude exposerait l'assuré aux peines infligées au stellionataire, par l'article 2059 du Code civil ?

7° OBJECTION. — Le droit de suite concédé par l'article 18 est illusoire : comment l'exercer en cas de vente d'un navire à l'étranger?

Réponse. — L'article 19, qui déclare que l'acquéreur d'un navire hypothéqué qui veut consolider son acquisition doit notifier son contrat à tous les créanciers inscrits sur l'acte de francisation est applicable à l'acquéreur étranger tout aussi bien qu'à l'acquéreur français. — Un étranger qui achète un navire français n'en devient donc réellement propriétaire qu'en se conformant à la loi du pays auquel le navire appartient ; le principe qu'en fait de meubles possession vaut titre n'est pas applicable aux navires, lesquels participent des droits et de la nature des biens immobiliers, les créanciers hypothécaires d'un navire peuvent donc le suivre même entre des mains étrangères.

Si le navire, acquis par un étranger et payé au mépris des droits des créanciers, venait à relâcher dans un port français, les créanciers pourraient le saisir et le faire vendre ; aucun étranger ne voudrait s'exposer à un pareil inconvénient.

Il est vrai que l'exercice du droit de suite présente quelques difficultés en pays étrangers. Les prêteurs hypothécaires peu confiants en la bonne foi de leur emprunteur pourraient toujours obvier à cet inconvénient en lui imposant la prohibition de vendre le navire hypothéqué à l'étranger et faisant mentionner cette prohibition sur l'acte de francisation.

Si, nonobstant cette prohibition, le capitaine vendait le navire et encaissait le prix, ce serait là, de sa part, un fait de baraterie qui, suivant les circonstances, pourrait donner ouverture contre lui à l'action pénale et engagerait la responsabilité des assureurs garants de la faute et de la prévarication du capitaine.

8ᵉ Objection. — L'hypothèque contractée dans un port étranger est inutile, impraticable et compromettante pour les assureurs qui, en cas de perte, ne peuvent jamais payer avec sécurité.

En effet, dit-on, en cas de perte d'un navire que l'armateur s'est réservé la faculté d'hypothéquer à l'étranger, les assureurs n'ont aucun moyen de s'assurer si cette hypothèque a été ou non réalisée. Or, comme une hypothèque, même ignorée par eux, vaut comme opposition en leurs mains, ils seraient exposés, s'ils payaient la perte, à voir le créancier d'une hypothèque consentie dans un port étranger surgir quelque jour, produire le certificat de l'inscription faite sur le registre du consul ou du juge local et réclamer de nouveau le payement de la somme assurée; de là la nécessité, dans tous les cas de perte d'un navire, de suspendre pendant trois ans la somme assurée, délai après lequel les hypothèques contractées à l'étranger seraient frappées de péremptions.

Si ce danger était sérieux, il y aurait un moyen facile de le conjurer, ce serait de prohiber l'hypothèque en cours de voyage, soit dans la police d'assurance, soit dans les actes hypothécaires faits au départ : heureusement qu'en ceci, comme sur beaucoup d'autres points, les craintes des assureurs sont exagérées.

D'abord, la faculté d'hypothéquer le navire en cours de voyage doit être inscrite sur le registre matricule tenu au port d'attache du navire, d'où il suit que les assureurs peuvent toujours payer la perte des navires dont le certificat hypothécaire ne stipule pas cette faculté, ce certificat les met à l'abri de toutes recherches.

En second lieu, les hypothèques contractées en cours de voyage, à la différence du billet de grosse, prennent rang après celles contractées au départ ; d'où résulte, pour les assureurs, la possibilité de payer, avec sécurité les hypothécaires premiers inscrits.

Mais est-il vrai que les hypothèques contractées en cours de voyage valent opposition, en mains des assureurs, comme celles contractées au départ et inscrites sur le registre matricule ? Ce point est tout au moins douteux. C'est dans l'article 17 de la loi de 1875 qu'on lit ces mots : « L'inscription d'hypothèque vaut opposition au paiement de l'indemnité d'assurance. » L'article 17 est le corollaire des articles 6, 7, 8 et 16, tous relatifs à l'hypothèque constituée au port d'attache du navire. Quant à l'hypothèque contractée en cours de voyage, elle est régie exclusivement et à titre exceptionnel par l'article 26. Or, cet article 26 ne reproduit pas la stipulation de l'article 17 relatif à l'opposition résultant de l'inscription hypothécaire.

Cette réticence du législateur n'a pas été dénuée de motifs. Il était, en effet, illogique de donner force d'opposition à une inscription hypothécaire dont il est impossible aux assureurs de connaître l'existence.

Le créancier d'une hypothèque consentie en pays étranger se trouve dans la situation d'un porteur de billets de grosse, lequel, pour être payé en cas de vente du navire affecté à ce billet, est tenu d'envoyer son titre en France et de former opposition, dans les trois jours, à la délivrance du prix (art. 212) à peine de forclusion. Le prêteur sur hypothèque ne doit pas être dans une position plus favorable que le porteur du billet de grosse ; chacun d'eux doit être tenu de surveiller ses droits.

Ajoutons enfin que, l'assuré étant obligé de signifier aux assureurs, dans tous les cas où le délaissement peut être fait, les avis qu'il a reçus, il est impossible que ces avis de la part du capitaine ne contiennent pas la mention de l'hypothèque qu'il aurait contractée en cours de voyage.

L'hypothèque établie en cours de voyage et dans un port étranger n'est donc pas dangereuse pour les assureurs. — Est-elle aussi inutile qu'on le prétend ?

Toutes les dépenses faites en cours de voyage pour réparer les avaries d'un navire étant à la charge des assureurs, il est de leur intérêt que ces réparations soient faites au meilleur marché possible.

En l'état de notre législation, ces dépenses ne peuvent être couvertes que par un prêt à la grosse. Or l'emprunt hypothécaire en cours de voyage est infiniment moins onéreux que l'emprunt à la grosse et partant diminue d'autant la somme à payer par les assureurs en cas d'avaries.

D'abord, l'emprunt à la grosse se fait généralement à un taux élevé ; l'emprunt hypothécaire pourra toujours, à raison des sûretés qu'il présente, être contracté à de meilleures conditions.

Mais ce qui rend surtout l'emprunt à la grosse onéreux pour les assureurs, ce sont les formalités dont il est environné.

Aux termes de l'article 234 du Code de commerce, un emprunt à la grosse ne peut être contracté en pays étranger qu'autant que le capitaine y est autorisé par le Consul et jusqu'à concurrence de la somme que les besoins constatés exigent.

Tous ceux qui ont quelque habitude des règlements d'avaries savent quels frais énormes entraînent cette autorisation et cette constatation des besoins du navire.

De nombreuses plaintes se sont élevées à l'ocasion des frais considérables qu'occasionnent les relâches des navires en un port étranger pour réparer les avaries. A quoi l'on a répondu que le tarif des droits de chancellerie est modéré, et cela est vrai.

Ce ne sont pas les droits de chancellerie qui sont trop élevés, c'est l'usage qu'on en fait qui est abusif ; que l'on consulte le tarif des frais de procédure en France, chaque acte pris isolément est de peu d'importance, c'est leur cumulation qui est exorbitante, il en est ainsi des frais de consulat.

Voici ce qui se passe lorsqu'un navire entre dans un port étranger pour réparer une avarie.

Le capitaine se présente devant le chancelier et fait son rapport, déclarant les causes de l'avarie et la nécessité de les réparer.

Puis il s'adresse à l'avocat du Consulat, qui présente requête à l'effet de faire constater par experts le bon arrimage du navire pour établir que l'avarie ne provient pas de la faute du capitaine.

Nomination d'experts, visite à bord, rapport pour constater ce fait et dépôt au Consulat.

Cela fait, seconde requête pour demander que des experts soient nommés à l'effet de déterminer les causes de l'avarie et les moyens de la réparer ;

Nouvelle visite à bord : les experts déclarent que le navire doit être déchargé pour être abattu en quille, à l'effet de vérifier d'où vient la voie d'eau ; nouveau rapport et dépôt à la Chancellerie ; — ordonnance du Consul qui autorise cette opération et enjoint aux experts d'y faire procéder ; — le navire est déchargé, l'équipage mis à terre et la cargaison placée en magasin ; — nouvelle descente des experts pour déclarer quelles sont les réparations nécessaires ; — rapport ; — dépôt ; — les réparations ont lieu, nouvelle descente des experts pour constater leur bonne exécution ; — le navire est relevé, la cargaison rechargée ; requête présentée par le capitaine pour être autorisé à emprunter les sommes nécessaires pour faire ces réparations ; — ordonnance du Consul pour autoriser la mise aux enchères du prêt à la grosse, annonces, procès-verbal d'adjudication ; — paiement par acte aux minutes du chancelier, visa de tous les comptes des fournisseurs ; — dresse du rôle de frais dont le montant dépasse généralement deux ou trois fois la valeur des réparations.

Avec l'hypothèque maritime, le capitaine, dûment autorisé, par son acte de francisation, à emprunter hypothécairement et par les polices d'assurances et les connaissements à procéder aux réparations de l'avarie sans formalités de justice, échappe à toutes ces exactions; plus de délai de séjour excessif, plus d'innavigabilité frauduleuse, plus d'enchères du navire à vil prix ; le capitaine fait faire les réparations sous sa responsabilité et sauf discussions au lieu de retour; ainsi se trouvent économisés, la plupart du temps, des frais énormes, qui n'empêchent aucune fraude et n'ont d'autre résultat que de rendre les assureurs non recevables à vérifier le coût et la nécessité de réparations.

Le prêt à la grosse est très-peu pratiqué en Angleterre, le *mort-gage* en cours de voyage est pareillement rare, les armateurs et les Compagnies anglaises se procurent généralement des crédits sur les ports que leurs navires doivent fréquenter, c'est à l'aide de ces crédits que leurs capitaines font les réparations que réclame leur navire; c'est pour eux une question de confiance. Quand la marine française pourra, à l'aide d'une Société de crédit maritime disposer de facilités pareilles, l'hypothèque en cours de voyage deviendra de moins en moins pratiquée et les craintes qu'elle inspire ne se feront plus sentir.

8ᵉ OBJECTION. — La clause que certaines Compagnies ont insérée dans leur police, déclarant que la condition de l'assurance est que le navire ne soit grevé d'aucune hypothèque actuelle ou éventuelle à son départ et ne puisse être grevé d'aucune hypothèque en cours de voyage, sans le consentement des assureurs, est-elle fondée en droit? est-elle utile dans la pratique?

Les assureurs invoquent la considération suivante : l'existence d'une hypothèque sur le navire assuré désintéressant l'armateur de sa conservation, constitue une aggravation de risque; le silence de l'assuré peut donc être considéré comme une réticence qui annule l'assurance aux termes de l'article 348 du Code de commerce.

Ce système a été condamné par un jugement du tribunal de commerce de Marseille et un arrêt de la cour d'Aix, dans un cas où, l'armateur ayant fait assurer son fret par police d'honneur, les assureurs prétendaient que ce fait, désintéressant l'armateur de la conservation de son navire, constituait une aggravation de risques qui aurait dû être révélée aux assureurs. (V. *Cauvet, traité des Assurances,* t. 1ᵉʳ, p. 381.) Cette décision est correcte, il n'y a que les causes matérielles d'aggravation de risques qui doivent être déclarées.

D'ailleurs, l'hypothèque du navire ne désintéresse pas l'armateur de sa conservation, puisque, si le navire périt, la dette reste et l'armateur en est tenu sur sa fortune de terre.

Mais, dit le promoteur de cette étrange mesure, il n'est pas indifférent d'assurer un navire appartenant à une maison puissante ou le

même navire passant aux mains d'une maison besoignieuse et obé-
réc... C'est un axiome professionnel : Armement besoignieux, mauvais risque; car l'existence d'une hypothèque est la présomption
d'un armement besoignieux.

Qu'un assureur ait intérêt à connaître la situation de l'assuré
et qu'il désire que cette situation soit bonne, c'est la condition de
tous ceux qui font des contrats; un propriétaire préfère un locataire aisé à un locataire pauvre, le billet d'un homme riche
s'escompte plus facilement que celui d'un négociant d'un crédit
médiocre; mais de là à exiger que l'assuré fasse connaître à l'assureur sa situation commerciale et les emprunts qu'il peut avoir
contractés sur son navire, quelquefois pour des causes étrangères à
la navigation, il y a loin. Que dirait-on d'une compagnie d'assurance terrestre qui exigerait de ses assurés la production d'un certificat négatif d'hypothèque, sous prétexte qu'un assuré besoigneux
peut plus qu'un autre être tenté de mettre le feu à sa maison?

Les emprunteurs immobiliers font, dit-on, des déclarations
pareilles. Oui, parce qu'il s'agit de déterminer leur rang hypothécaire, mais les assureurs sur l'incendie, n'ayant pas le même intérêt,
n'exigent pas cette justification.

L'assureur, dit-on, a intérêt à connaître la situation pécuniaire
de l'assuré; mais à ce compte les assureurs de Paris devraient s'in-
terdire les assurances venues de Londres, de Liverpool, d'Anvers
ou de Hambourg, car, dans ce cas, l'assuré leur est complétement
inconnu; de plus, pourquoi, lorsque l'emprunt à la grosse était
autorisé au départ, n'en exigeaient-ils pas la déclaration? Ces emprunts étaient un symptôme de détresse bien autrement significatif
que l'hypothèque.

L'hypothèque, dit-on, est une présomption d'armement besoigneux; — c'est le contraire; l'hypothèque donnant à l'armateur le
moyen de compléter son armement est une garantie de bonne
navigation.

Cette prétention soulève une contradiction étrange de la part
des adversaires de l'hypothèque maritime. Quand il s'agit de

l'inscription de cette hypothèque sur l'acte de francisation, ils disent : Cette inscription a le tort de révéler au capitaine la position gênée de l'armateur, et voilà qu'ils réclament que cette hypothèque soit mentionnée sur le contrat d'assurances qui, colporté de bureaux en bureaux la publierait bien davantage.

Les inventeurs de cette clause étrange espèrent-ils détourner les armateurs d'hypothéquer leurs navires? quel pourrait être en cela leur intérêt? D'abord, une clause pareille exigée des armateurs français devrait évidemment être imposée aux armateurs étrangers, ce qui suffirait pour écarter tout les ordres d'assurances qui nous viennent d'Angleterre, d'Allemagne ou d'Italie. Puis, l'assurance des navires hypothéqués pourrait toujours se pratiquer à Londres, à Anvers, à Gênes et à Livourne. De plus, il ne tarderait pas à se former des Compagnies moins soupçonneuses, comprenant qu'un navire qui, avant d'être hypothéqué aurait été, de la part de la Compagnie du Crédit maritime, soumis à une vérification minutieuse, qui serait, dans tout le cours de sa navigation, l'objet d'une surveillance incessante et scrupuleuse, formerait un risque de premier ordre, dont la souscription promettrait des primes exemptes de la plupart des chances de la navigation.

En ceci comme dans toutes les choses de la vie, c'est l'antagonisme qui ruine, c'est l'entente et le bon accord qui satisfont tous les intérêts ; armateurs, prêteurs, assureurs ne tarderont pas à le comprendre, et l'hypothèque maritime pratiquée par eux de bonne foi, sans vaines appréhensions, réalisera en France les avantages qu'elle a déjà procurés aux marines étrangères.

9me OBJECTION. — On a prétendu que le maintien de la loi de 1807 qui prohibe le prêt au-dessus de 6 °/° rendait la pratique de l'hypothèque maritime malaisée.

Certes, il eût été désirable que le taux de l'intérêt sur hypothèque maritime fût déclaré libre. Cependant la jurisprudence des Tribunaux de commerce, qui admet une commission dans toutes les affaires de banque, donne à la loi de 1807 une latitude suffisante pour permettre aux capitaux engagés dans ces opérations une convenable rémunération : ce n'est là ni une fraude à la loi ni un péril ; c'est le bénéfice légitime accordé à toute industrie qui implique un travail intelligent et des frais d'établissement et d'exploitation.

Une dernière réflexion est celle-ci : Toutes les objections soulevées contre la loi sur l'hypothèque maritime sont fondées sur des hypothèses extrêmes, sur des cas exceptionnels qui se réalisent bien rarement dans la pratique ; il n'est pas une seule loi commerciale qui pût résister à une pareille épreuve. Puis viendra la jurisprudence qui, s'inspirant des principes d'équité et de bonne foi, qui servent de base à toute législation commerciale, corrigera toutes les imperfections de détail qui peuvent se rencontrer dans la loi sur l'hypothèque maritime, dissipera les doutes, régularisera son application pratique et lui donnera toute la sécurité dont le commerce a besoin. Il en sera en ceci comme de la loi sur les hypothèques terrestres, si obscure, si discutée au début, et aujourd'hui devenue si nette et si sûre dans son fonctionnement !

L'organisation du crédit maritime est donc le plus grand service que l'on puisse rendre à la marine marchande ; le crédit vaut mieux pour elle que des secours, des subventions, de l'argent, car l'argent a des limites et le crédit n'en a pas. — Le crédit est la plus grande richesse d'une nation. C'est le crédit qui a permis à la France de payer sa rançon, de développer ses chemins de fer ; c'est le crédit qui vivifie toutes ses industries ; ses plus grands établissements sont des établissements de crédit. C'est le crédit qui doit ranimer sa marine marchande et développer son commerce d'outre-mer.

Si le crédit français s'est quelquefois égaré en s'aventurant au loin ; si ses entraînements cosmopolites lui ont procuré parfois d'amers regrets, en reportant son action généreuse et féconde dans les limites du pays, en s'appliquant de préférence à des entreprises exclusivement françaises, il n'éprouvera ni déceptions, ni douloureux réveil, il réunira les deux conditions qui font la base de toute institution solide et durable : une suffisante rémunération et une complète sécurité.

RÉSUMÉ

DES VŒUX ET DES OPINIONS

Formulés officiellement

EN FAVEUR

de l'établissement d'une Institution de

CRÉDIT MARITIME

1866 - 1870 - 1873

DISCUSSION

DE LA

LOI DE 1866 SUR LA MARINE MARCHANDE

M. ARMAN, *Député, Rapporteur de la loi.*

Nous avons demandé notamment, afin de faciliter la création d'un matériel naval, que le Code de commerce aux titres *Navires, Priviléges, Capitaines, Assurances,* fût révisé de manière que l'armateur. . . . puisse trouver. . . . avec la garantie offerte par le navire, l'argent nécessaire pour créer ce nouveau matériel. . . . Les déclarations de M. le Ministre d'État nous ont rassurés dès le premier jour.

M. PAGÉZY, *Député.*

Le crédit maritime manque; souvent des marins ont à se plaindre de ne pouvoir trouver de l'argent qu'à des conditions usuraires. Eh bien, Messieurs, en créant une Banque maritime nationale sous le contrôle de l'État, comme la Banque de France, pouvant émettre des billets, on pourrait faire un très-grand bien......

On pourrait ainsi mobiliser le capital flottant et l'utiliser pour les besoins des navires, trouver des capitaux, compléter ceux qui sont néces-

saires pour améliorer le matériel, constituer enfin la petite propriété maritime et multiplier les armateurs.

M. ANCEL, *Député*.

Les capitaux ne viennent pas à l'industrie maritime. En France, on
ne s'intéresse pas volontiers dans une opération maritime..... Sauf sur
le littoral, on rencontre bien rarement dans l'intérieur du pays quelques
personnes intéressées dans les armements.

ENQUÊTE PARLEMENTAIRE DE 1870

M. NICOLE, *du Havre.*

La question est très-grave, et vous avez devant vous une industrie de premier ordre, menacée dans son existence.

Comment voulez-vous que les armateurs, je ne parle pas de la demi-douzaine d'armateurs nababs, lesquels, en dehors de leurs affaires, ont une grande fortune de terre qui leur permet de faire face à toutes les éventualités, mais de ceux qui gagnent honorablement leur vie, au prix d'efforts énergiques et intelligents, et qui sont les meilleurs ouvriers du progrès; comment voulez-vous, qu'abandonnés à leurs propres forces, ils *puissent entreprendre la transformation immédiate de leur matériel? Qui donnera du travail à nos constructeurs, dont les ateliers sont déserts? Qui procurera à nos ports l'outillage qui leur manque? Qui viendra en aide à la pêche? L'État seul peut supporter le poids d'une pareille situation. Mais il peut se faire aider considérablement en facilitant l'établissement du Crédit maritime. La marine a plus de droits qu'aucune autre industrie à de tels encouragements, dont les bienfaits ne compenseraient jamais les obligations et les règlements qu'elle a supportés sous tous les régimes.*

A cet égard, je suis entièrement de l'avis de l'auteur anonyme d'une brochure publiée en 1848 : *De l'Inscription maritime,* par un ancien officier de marine, qui n'hésite pas à déclarer que, suivant lui, aider la marine et les marins n'est pas leur faire une faveur, mais donner satisfaction à des droits acquis.

L'État pourrait se borner à favoriser la création d'une société de crédit maritime, laquelle rendrait de très-grands services aux industries maritimes, même sans posséder un immense capital, puisqu'elle serait l'intermédiaire de la marine auprès de la finance.

Rien, au surplus, ne s'opposerait à ce que ces deux formes d'assistance pussent coexister. La France maritime a besoin d'un grand effort, il faut bien s'en convaincre, pour être mise au niveau de la France industrielle.

En ce qui concerne les ouvrages des ports et même leur outillage, on fera peut-être observer qu'il est inutile de créer une institution spéciale, puisque tous les jours les chambres de commerce sont autorisées à faire des emprunts pour développer cet objet.

Il y a du vrai dans cette observation, qui d'ailleurs ne peut s'appliquer à la marine marchande, ni aux différentes pêches.

Je dirai toutefois qu'une institution de crédit n'aurait pas seulement pour effet de procurer de l'argent aux intéressés, mais qu'elle donnerait aux entreprises qu'elle aurait pour but de favoriser un appui moral et une force d'initiative indispensable pour l'accomplissement des grandes œuvres.

Ce concours serait d'autant plus désirable, qu'il manque absolument aujourd'hui, puisque les financiers sont tout à fait étrangers à ces sortes de questions et, il est permis de le dire, très-ignorants des intérêts qui s'y rattachent.

. . . .

. . . .

Quoi qu'il en soit, Messieurs, je serais très-heureux si, après avoir examiné les différents points que je viens de signaler, la Commission arrivait à conclure qu'il y a lieu, comme moyen d'encouragement pour la marine marchande et pour tous les intérêts maritimes en général, de créer une institution de crédit maritime.

M. NOUGARET, *Délégué des capitaines au long cours.*

. . . . . *Si nous recherchons pourquoi l'Angleterre a tant de navires quand nous n'en avons pas, pourquoi elle a transformé son matériel quand le nôtre est encore à vingt ans en arrière, nous arrivons à la question posée devant vous par M. Nicole et qui est aussi le nœud du problème, à savoir que jusqu'à présent les capitaux en France ont pris toutes les directions possibles, mais que jamais ils n'ont été dirigés vers la mer.*

Par conséquent, je suis de l'avis qu'il faut fonder un Crédit maritime; j'ai même parlé de cette idée à des capitalistes, et je comparais ce crédit absolument au crédit foncier, si on pouvait employer cette expression en parlant de marine. Ainsi un capitaine qui possède 6,000 ou 10,000 francs fait construire un mauvais bateau qui fait un ou deux voyages; après quoi, tous les ans, il faut dépenser 2,000 ou 1,500 francs en réparations. Le pauvre armateur a tous les ans 1,500 francs à dépenser pour remettre son navire en état plutôt que 10,000 francs du coup pour le faire construire.

En instituant ce Crédit maritime on ferait aux armateurs et aux constructeurs de navires les mêmes avantages que fait le Crédit foncier à ceux qui construisent des maisons.

. . . .

. . . .

Je n'ai pas eu le temps d'examiner les moyens; mais, *du jour où le Crédit maritime aura pu être constitué, alors toute notre marine se relèvera d'elle-même; et on n'aura pas besoin d'accorder des subventions;* au contraire, je vous prierai de les refuser; car nous ne sommes plus dans l'époque des subventions, mais dans une époque de libéralisme, de liberté. Donnez la liberté; supprimez les lois exceptionnelles qui entravent la marine; faites de l'industrie maritime une industrie libre comme toutes les autres; et, naturellement, elle puisera dans cette liberté les éléments nécessaires pour arriver au succès et lutter avec avantage contre les marines étrangères.

M. GROSOS, *armateur au Havre.*

D'après les dépositions qui ont précédé la mienne, il est évident que la grande question qui se pose est celle-ci :

Le navire à voiles doit-il disparaître? Doit-il être primé par le navire à vapeur?

Pour ma part, je crois que c'est un fait déjà presque accompli, car le navire à vapeur, grâce aux transformations qui s'opèrent journellement, à l'économie considérable de combustible qui vient d'être obtenue, pour environ 60 °/₀, peut déjà lutter, pour le prix réduit, avec le navire à voiles, et il arrivera même à prendre le fret à meilleur marché. Le navire à voiles, en effet, est obligé de se servir du vent, c'est-à-dire d'un élément coûtant aussi fort cher, en raison de la voilure, de la mâture, des cordages, des rechanges, et enfin du nombre d'hommes nécessaire pour la manœuvre.

. . . .

. . . .

La grande question du jour est celle de la transformation. L'Angle terre, certainement, elle aussi, souffre beaucoup en ce moment de la nécessité de transformer ses navires. Si nous avons une transformation à faire, il faut reconnaître qu'elle est facile en comparaison de la leur; ils avaient des milliers de bateaux à vapeur, système ancien, il faut qu'ils les changent; mais avec l'énergie qui les caractérisent, ils se sont mis immédiatement à l'œuvre, ils modifient les coques qui leur restent, et ils ont la machine à transformer; ils l'ont fait ou le font avec une activité énorme, et bientôt, en Angleterre, il n'y aura plus de navires avec l'ancien système de machines.

M. BERGASSE, *Armateur à Marseille.*

Tout le monde est unanime à reconnaître que l'état actuel de la marine marchande est fort triste. Sauf certains esprits optimistes et remplis d'illusions, personne ne niera, ne peut nier que la marine marchande française souffre et décline. Les partisans de la réforme de 1860, qui ne voudraient voir faire aucune brèche au système, nous disent : Nous convenons que vous souffrez, que vous avez été rudement maltraités par la réforme économique; mais il est impossible de revenir en arrière; on ne remonte pas le cours des fleuves; il faut bien subir les faits accomplis; si, d'ailleurs, nous nous laissions entraîner par la question de la marine marchande, le principe de la liberté commerciale pourrait être mis en question; il est donc impossible de revenir là-dessus; tout ce que nous pouvons faire, c'est de vous plaindre. Tout le monde, en effet, nous plaint, c'est une justice à rendre; nous serions déjà sauvés si les sympathies pouvaient nous tirer de là! Nous userons ensuite, nous a-t-on dit, de toute notre influence dans les conseils du Gouvernement pour obtenir l'allégement des charges

que font peser sur vous l'inscription maritime et les règlements administratifs. Voilà tout ce qu'on nous concède.

*Pour bien des gens, Messieurs, cela semble un gros côté de la question
que cette affaire de l'inscription maritime et des règlements administratifs;
je ne voudrais certes pas en parler d'une manière irrespectueuse et dire
que nous n'en faisons aucun cas, loin de là; mais, pour nous armateurs,
je me permets de dire que c'est le très-petit côté de la question, et que ce
serait pour nous une amère dérision que de venir nous dire. : Nous allons
supprimer l'inscription maritime et les règlements administratifs, et vous
vous tiendrez pour satisfaits.* Si tel devait être le résultat de l'enquête maritime, nous regretterions de nous être déplacés et de vous avoir fatigués de
nos doléances. *Quand une maison brûle, il me paraît tout au moins inop-
portun de rechercher s'il ne conviendrait pas de la rendre plus commode et
plus confortable. La marine marchande brûle, je crois qu'il y a autre chose
à faire que de rechercher le salut dans la suppression de l'inscription maritime et des règlements administratifs.*

. . . .

M. Paul Bethmont. Je prie **M.** le Président de me permettre de poser
une question à **M.** Bergasse. Cette question, la voici : Est-ce qu'il n'y a
pas encore actuellement des obstacles qui s'opposent à l'existence en
France du crédit maritime, à cause de difficultés ou de lacunes dans la
législation? N'y aurait-il pas, à ce point de vue, quelques réformes que
vous pourriez indiquer?

M. Bergasse. C'est une question qui a préoccupé beaucoup de personnes,
et sur laquelle les meilleurs esprits sont restés divisés. Les uns y attachent
une importance très-médiocre. Pour moi, j'avoue que je suis de ce dernier
avis, je ne crois pas que la question du crédit maritime ait une très-
grande importance. En effet, chez nous, les capitaux ne vont pas aux
affaires maritimes, ils vont à la spéculation, à la Bourse. Qu'on affiche
sur les murs ou à la quatrième page d'un journal l'affaire la plus absurde
du monde, pourvu qu'il y ait une promesse d'intérêt de 8, 10, 12 °/₀, les
capitaux affluent et les niais arrivent. *Mais quand il s'agit d'affaires
sérieuses, laborieuses, de longue haleine, mais intéressant véritablement le
pays comme les opérations d'armements, on ne trouve plus d'argent; aussi,
tout en pensant que la réforme tendant à permettre l'hypothèqne maritime*

est une chose très-désirable, je doute qu'elle attire beaucoup de capitaux vers les affaires maritime.

. . . .

. . . .

M. LE CESNE, *député.*

Monsieur Bergasse, l'importance minime que vous venez d'attribuer à la question qui vous a été posée par M. Bethmont sur l'action du crédit maritime m'étonne un peu, en ce sens que je trouve une contradiction assez sensible entre ce que vous avez dit à cet égard, et ce que vous disiez, il n'y a qu'un instant, dans le cours de votre très-remarquable déposition. *Vous avez appuyé beaucoup sur le défaut de capital qui afflige les industries maritimes ; vous disiez que devant vous vous ne trouviez jamais que le vide complet ; qu'il n'y avait pas d'argent en France pour la marine. Vous avez cité même un exemple qui prouve qu'en France l'absence des capitaux est complète. Eh bien ! il me semble, à moi, que cette question du crédit est très-importante. Ce défaut de capitaux ne tiendrait-il pas à cette cause, que les lois hypothécaires ne peuvent s'appliquer qu'aux immeubles, tandis que le navire, qui serait, le cas échéant, la garantie du prêteur d'argent, est considéré comme un meuble, et ne présente pas, par conséquent, une garantie aussi solide ?*

N'y aurait-il pas là une modification importante à établir dans notre législation ?

Il a paru nécessaire à beaucoup de personnes, au moment où la transformation de la marine a lieu dans des conditions exceptionnelles, d'avoir recours à des moyens plus rapides, plus efficaces, que dans d'autres circonstances. Pour toute la France, à un certain moment, il fallait avoir recours à certains moyens exceptionnels pour activer le mouvement des capitaux dans un certain sens ; c'est alors qu'on a inventé le Crédit foncier.

Quelle est la base de l'institution du Crédit foncier ? C'est l'obligation qui s'émet au fur et à mesure des besoins de la cause, si je puis ainsi parler. Or, on a pensé que peut-être, pour la transformation maritime qui s'opère actuellement, il y avait lieu, en faisant du navire un immeuble, de lui appliquer, avec les modifications convenables, le système obligataire, ce qui permettrait de créer autour de lui un capital nouveau, qui, au lieu de se présenter toujours là où se produit une pensée industrielle quelle qu'elle soit, se porterait vers les entreprises maritimes. En créant les navires immeubles, on arriverait à pouvoir émettre un système d'obligations qui donnerait toujours un capital nouveau là où l'intelligence viendrait formuler une pensée maritime.

. . . .

M. AUGÉ, *capitaine au long cours.*

J'arrive au crédit maritime.

S'il y a une industrie qui ait besoin de crédit, c'est bien certes la marine, et dans la pratique c'est bien elle qui en a le moins. Cependant le crédit est l'élément principal de la prospérité de nos entreprises maritimes ; il faut, par des modifications qui régissent la matière, attirer les capitaux si souvent mal placés ailleurs.

C'est, avec le travail, le plus cher de nos vœux. Les capitaux peu abondants aujourd'hui le deviendraient, si le travail national était assuré, par l'abrogation de la loi de 1866, à nos navires, et si notre législation, qui n'offre point de garantie au prêteur, était modifiée ; d'une part, la garantie hypothécaire permettrait de placer les capitaux là comme ailleurs, et le travail qui ne manquerait pas permettrait à l'emprunteur de satisfaire ses engagements. On a dit que l'hypothèque ne donnerait pas plus de crédit à la marine que celui qu'elle a, c'est une erreur.

Dans les ports de la Méditerranée, à Saint-Tropez, Martigues, Agde, Narbonne, etc., quand on veut faire construire un navire, on s'y prend autrement que dans le Nord : le capitaine centralise les fonds, s'oblige vis-à-vis du prêteur, et l'hypothèque sur le navire est alors nécessaire pour donner une garantie personnelle, tandis que dans le Nord l'armateur centralise les fonds comme dans une société en commandite.

Je dis donc que notre marine ne se relèvera qu'autant que par des mesures sages on lui aura donné du crédit et du travail, éléments inséparables de toute production.

M. VIDAL, *armateur, à Agde.*

On a parlé de la création d'une hypothèque maritime.

Pour les grands armateurs, l'hypothèque maritime n'est pas nécessaire ; *mais pour le petit armateur du littoral, elle serait un grand bien.* Les navires coûtent plus cher aujourd'hui ; beaucoup de gens ne peuvent pas réunir une centaine de mille francs, qui est le prix actuellement d'un navire moyen. Si l'hypothèque maritime existait, avec 50, 60, 70,000 francs, ces gens pourraient acquérir un navire de 100,000 francs ; ce serait une grande facilité pour ceux qui ne sont pas dans l'aisance.

M. *l'Amiral* DARRICAU.

Messieurs, d'après les nombreuses dépositions que vous avez déjà entendues, il me sera difficile d'éviter les redites ; je ferai mon possible pour n'y pas tomber et pour renfermer dans les plus étroites limites les observations que j'ai à vous présenter.

On vous a parlé des souffrances de la marine marchande, qui ne sont malheureusement que trop réelles. La plupart des déposants se sont trouvés d'accord pour proposer comme remède le rappel de la législation de 1866. Mon opinion est qu'on s'est trompé, non pas sur le mal assurément, mais sur sa cause, et que peut-être on se trompe davantage encore sur le remède à appliquer.

. . . .

L'ouverture du canal de Suez est aujourd'hui un fait accompli, qui doit avoir une grande influence sur l'avenir, mais actuellement nos navires à voiles ne peuvent pas en profiter. Il est certain qu'un bâtiment à voiles partant du Havre ou d'Angleterre pour aller aux Indes préférera la route du cap de Bonne-Espérance à celle de Suez, parce que, s'il prenait cette dernière voie, il mettrait plus de temps à faire une course moins longue. Il me serait facile de donner l'explication de ce fait, qui tient au vent, surtout dans le parcours de la Méditerranée et de la mer Rouge.

. . . .

Autrefois, le commerce maritime se faisait par des navires à voiles de 500 tonneaux, en moyenne ; aujourd'hui, il se fait par des bateaux à vapeur de 1,000 tonneaux, qui mettent trois fois moins de temps à faire la même traversée, c'est-à-dire qu'ils peuvent faire trois voyages dans le même temps qu'un navire à voiles mettait à en faire un seul ; et comme ils portent un chargement double, il s'ensuit qu'un bateau à vapeur d'aujourd'hui équivaut à six anciens navires de commerce ; en outre, il y a une grande tendance à faire des associations, de sorte que le commerce individuel disparaît peu à peu ; les bateaux à vapeur actuels appartiennent, pour la plupart, à de grandes Compagnies qui se forment au Havre, à Nantes, à Bordeaux, à Marseille. C'est une révolution analogue à celle qui s'opère sous nos yeux, à Paris, où de grandes maisons en commandite absorbent tout le commerce, ne laissant aux petits établissements que des faillites à essuyer et des plaintes à faire entendre.

Or, si un bateau à vapeur actuel vaut six anciens bâtiments à voiles, comme je viens de le montrer, il s'ensuit que voilà cinq armateurs, cinq capitaines, cinq équipages qui n'ont plus de quoi vivre, qui se plaignent, qui ont raison de se plaindre. Mais quel remède opposer à cela ? Faut-il arrêter le mouvement de transformation de la marine ? Personne, je crois, n'oserait le conseiller, et, si quelqu'un osait l'entreprendre, il n'y réussirait certainement pas. Du moins, ne pourrait-on l'essayer ? Je ne le crois pas davantage ; la marche des faits est irrésistible.

D'ailleurs, enrayer le mouvement, ce serait le retarder, le prolonger, prolonger, par conséquent, les souffrances dont on se plaint.

Ce qu'il y a de mieux à faire, à mon avis, c'est d'accepter le nouvel état de choses, tout en cherchant des palliatifs. C'est là votre mission, Messieurs.

Mais il me semble que ceux qu'on vous propose sont bien peu de chose en comparaison des maux qu'il s'agit d'adoucir. Que pourraient aujourd'hui les dispositions sur les entrepôts, les surtaxes de pavillon devant cette transformation de la marine à voiles en marine à vapeur, qui se produit dans tous les pays du monde ?

M. J. SIEGFRIED, *du Havre.*

. . . .

Je vais énumérer maintenant, Messieurs, mais sans les discuter, car cela été fort bien fait déjà par plusieurs déposants, les différentes améliorations dont je voudrais que la Commission d'enquête prît l'initiative dans l'intérêt de notre marine marchande ;

1° La création d'écoles supérieures commerciales et maritimes, ainsi que je viens de le dire ;

2° Des modifications de détail dans l'inscription maritime et surtout la disparition de l'ingérance administrative dans les opérations de nos armateurs ;

3° *L'établissement de l'hypothèque maritime et la création, si cela est possible, d'un crédit foncier maritime.*

. . . .

M. VAN CAUWENBERGHE, *courtier à Dunkerque.*

. . . .

La plupart du temps l'armateur met toute sa fortune dans ses navires. *Ce qui manque à l'armateur français, c'est la sécurité et le crédit;* la sécurité par suite de l'instabilité de nos lois. Votre présence ici, Messieurs, en est la preuve, car vous êtes chargés d'étudier les éléments d'une loi nouvelle. La loi provisoire de 1866 est venue donner à la propriété maritime une non-valeur immédiate.

Le crédit lui manque aussi parce que, avec nos lois, on ne peut hypothéquer les navires, et aussi par suite de la position précaire faite à l'armateur par la même instabilité des lois.

Là est la raison qui arrête nos armements, et je crois que ceux-là mêmes qui accusent l'armateur de manquer d'initiative, ne s'engageraient pas à mettre entre ses mains les capitaux de leur famille.

M. Marc MAUREL, *armateur à Bordeaux.*

. . . .

Il est bon de prémunir les constructeurs contre toute illusion que pourrait faire naître chez eux l'allocation temporaire d'une prime : la transformation qui s'opère est d'une nature telle quelle exige des chantiers parfaitement outillés, et cet outillage ne s'obtient qu'avec l'aide de puissants capitaux : or, pour les obtenir, les constructeurs devront se grouper et s'associer, autant que les circonstances le permettront. Les chantiers, dans l'avenir, seront d'autant moins nombreux, qu'ils devront travailler plus en grand, et que, les navires ayant une très-grande durée, il en faudra beaucoup moins, surtout si la navigation à vapeur se généralise.

. . . .

M. LALANDE, *négociant, à Bordeaux.*

. . . .

Les souffrances de cette industrie sont incontestables ; mais pour y apporter avec intelligence un remède efficace, il faut éviter les appréciations vagues, et rechercher au contraire avec exactitude et avec précision quelle est la situation et quels sont les véritables moyens de remédier à ce qu'elle a de fâcheux.

Les hommes les plus compétents reconnaissent que l'industrie des armements maritimes souffre surtout de ce qu'elle traverse une époque de transformation rapide et presque complète. Dans la plupart des cas le navire à voiles en bois ne peut pas soutenir la concurrence du navire à voiles en fer, et doit être remplacé par lui. — De même, un nouveau progrès se réalise presque partout, et s'impose aux armateurs : pour un très-grand nombre de navigations, même éloignées, le navire à voiles en fer ne peut pas soutenir la concurrence du navire à vapeur en fer, et doit être remplacé par lui.

De ces diverses causes résulte un travail de transformation qui, ainsi que cela a eu lieu en pareil cas pour toutes les autres industries, produit des souffrances individuelles considérables.

Cette situation est compliquée, et ceux qui sont appelés à exprimer une opinion sur la législation qui doit régir notre marine marchande doivent éviter soigneusement d'attribuer aux effets de la liberté commerciale des souffrances qui, en réalité, ont pour cause la transformation du matériel naval dont nous venons de parler.

M. CHALÈS, *armateur à Bordeaux.*

. . . .

Il faut pourtant être juste : si la marine souffre et si elle souffre beaucoup, les fautes qu'on a commises et que je viens de vous signaler n'en sont pas la seule cause.

Nous sommes aussi victimes du progrès ; il faut bien le reconnaître, il s'opère dans le matériel naval une très-grande transformation. Il est presque démontré aujourd'hui que le navire en bois a fait à peu près son temps ; il est de plus en plus remplacé par le navire en fer ; le navire à voile lui-même tend à céder la place au navire à vapeur, et, aujourd'hui, tout le monde croit que les ports qui sont reliés entre eux par un grand mouvement de trafic devront, avant qu'il soit longtemps, être reliés aussi par des lignes régulières de bâtiments à vapeur.

. . . .

S'il fallait prendre dans les événements contemporains un exemple qui démontrât cette vérité, nous en trouverions un qui serait d'une évidence frappante dans ce qui est arrivé récemment aux États-Unis. Tant que le grand navire en bois est resté le type du bon navire marchand, les Américains ont tenu la corde ; ils ont considérablement grandi ; ils ont menacé d'envahir tous les ports, et à un certain moment, leur concurrence nous a paru bien plus redoutable que la concurrence des Anglais eux-mêmes ; mais, du jour où le navire en bois tend à disparaître, nous voyons la marine américaine tomber en décadence. Je ne veux pas contester que la guerre de la Sécession n'ait été pour quelque chose dans cette décadence ; nous croyons qu'elle l'a précipitée ; mais si elle en eût été la seule cause, vous eussiez vu au retour de la paix l'activité revenir dans les chantiers américains. Il n'en a rien été ; pourquoi ? Parce que les Américains, ces hommes si pratiques, comprennent comme nous que le navire en bois n'est plus de ce temps, et qu'il faut avoir le navire en fer et le bateau à vapeur.

M. TANDONNET, *armateur à Bordeaux.*

. . . .

Je crois aussi que M. Chalès a fait trop bon marché de l'hypothèque maritime ; elle peut présenter des inconvénients et des dangers, mais elle serait une amélioration réelle sur l'état actuel et, quoi qu'on en dise, faciliterait souvent des affaires impossibles aujourd'hui.

Chambre de Commerce de CHERBOURG.

L'an mil huit cent soixante-dix, le sept mai,

Les membres de la Chambre de Commerce de Cherbourg se sont réunis au Palais de Justice, lieu ordinaire de leurs séances.

Etaient présents :

MM. Cournerie, Le Jolis, Th. Duhommet, Th. Fenard, Sorel, membres, et Ed. Mahieu, membre-secrétaire.

M. Dumont, président, étant absent, la séance est présidée par M. Cournerie, désigné à cet effet.

Assistaient également à la séance :

MM. Léon Mauger, négociant-armateur; Fortin, etc., etc.

. . . .

Après délibération et avoir entendu les armateurs et capitaines présents à la réunion, *la chambre de commerce adopte les propositions suivantes, qui résument les moyens pratiques de venir en aide à la marine marchande :*

. . . .

. . . .

7° Création et organisation du crédit maritime; faculté d'assurer le fret et d'hypothéquer les navires; révision du Livre II du Code de commerce.

M. COSTEY, *constructeur à Cherbourg.*

. . . .

Dans les autres pays, les capitaux se portent avec une sensible préférence vers la marine ; on peut dire qu'en France il n'est pas d'industrie jouissant d'une défaveur plus grande.

En présence de cette défaveur, un seul moyen pourrait amener indirectement le capital et faire prendre un certain développement au commerce des armements maritimes, auquel on aurait d'abord donné, par la protection, les moyens d'exister dans des conditions avantageuses.

Ce moyen serait la création d'une Banque nationale de Crédit maritime.

Les services immenses que le Crédit Foncier et le Crédit Agricole peuvent rendre aux propriétaires et aux agriculteurs, le Crédit Maritime les rendrait aux armateurs et à notre marine marchande. La loi autorise l'hypothèque des immeubles, pourquoi n'autoriserait-elle pas l'hypothèque des navires, en considérant ces derniers comme propriétés plutôt immobilières que mobilières ?

Un navire bien coté et bien assuré représente certainement une valeur très-sérieuse, et cependant, dans l'état actuel de la législation, cette valeur est peut-être la seule sur laquelle on ne trouvera pas de crédit.

Il est à remarquer que l'hypothèque maritime existant, et un établissement de Crédit maritime étant institué, cet établissement pourrait ouvrir des crédits dans des conditions fort avantageuses, parce que la grande quantité de prêts qu'il ferait, soit sur corps de navires, soit sur marchandises chargées, lui permettrait de devenir son propre assureur pour la plus grande partie des valeurs qu'il avancerait. Les primes d'assurance seraient ainsi moins élevées, et le taux à prélever, tant pour assurance que pour intérêt, pourrait être dans des conditions très-écononomiques et présenter des avantages considérables pour les armateurs.

Que l'État se décide à faire pour une banque de crédit maritime ce qu'il fait à tout instant pour le moindre chemin de fer : qu'il garantisse un minimum d'intérêt à cette banque nationale, alors le Crédit maritime se trouvera formé, et les armateurs auront à leur disposition tous les capitaux nécessaires à la création d'un matériel qui soit en rapport avec le rang que la France a le droit de prétendre occuper parmi les nations maritimes. Remarquez bien d'ailleurs, messieurs, que cette garantie d'intérêt minimum ne serait qu'un appui moral donné par l'État, car le genre d'opérations que ferait la banque dont je parle ne présenterait absolument rien d'aléatoire.

M. HENNEQUIN, *trésorier général des Invalides de la marine.*

..... Comme j'avais l'honneur de le dire tout à l'heure, la pêche côtière est certainement de toutes les industries maritimes une des plus intéressantes. C'est une industrie de famille, si je puis m'exprimer ainsi; elle développe les sentiments du foyer, et la navigation au long cours ne les développe pas, tant s'en faut. La pêche est en voie de prospérité aujourd'hui; elle prend d'autant plus d'extension que ses produits trouvent dans l'exécution du réseau des chemins de fer les moyens de pénétrer dans des centres qui en étaient précédemment privés, et ils forment, on le sait, une alimentation excessivement recherchée. Mais la pêche côtière se développerait encore bien davantage si elle disposait, sur une partie de nos côtes, et notamment sur celles de la Bretagne, d'éléments qu'elle n'a pas.

La pêche est exploitée d'une manière très-variée. Les armements se font dans des conditions diverses. Dans beaucoup de ports, il y a ce qu'on appelle les armateurs-écoreurs, c'est-à-dire des armateurs qui sont propriétaires des bateaux, et qui se chargent de la vente du poisson. Ces armateurs font, avec les patrons et les équipages, des conventions qui attribuent à ces derniers un certain nombre de lots, mais ils trouvent, par diverses combinaisons, les moyens de se réserver, il faut bien le dire, la part du lion.

Eh bien, ce ne sont pas encore les pêcheurs les plus malheureux que ceux qui sont exploités par les armateurs-écoreurs, parce qu'enfin, grâce à eux, ils ont des instruments de travail. Mais il y a une notable portion de nos côtes, notamment, comme je l'ai déjà dit, les côtes de Bretagne, où l'on ne trouve pas d'armateurs-écoreurs, où les capitaux font défaut, où l'on est plus arriéré que sur les autres parties du littoral; là, par suite du manque de bateaux propres à faire la pêche, on n'y va pas, ou, si on y va, c'est sur de mauvaises embarcations mal gréées, dangereuses, où la vie des hommes est parfois compromise, avec lesquelles on ne peut aller qu'à de très-petites distances de la côte, parce qu'elles ne pourraient pas tenir la haute mer.

Quand j'étais chargé du service de l'inscription maritime et de la section des pêches, au ministère de la marine, j'ai été frappé de cet état de choses, et j'avais pensé, il y a déjà longtemps, que, si on pouvait arriver à avoir une institution de crédit, qui fournirait aux marins le moyen de se procurer les capitaux nécessaires pour se faire construire de bons bateaux, pour les gréer et les armer convenablement, on rendrait à l'industrie de la pêche, aussi intéressante pour les consommateurs que pour la population maritime, de véritables services.

.....Dès 1860, j'avais traité la question de crédit maritime au point de vue de la pêche côtière, dans des notes que j'ai soumises au ministre de la marine et à plusieurs commissions.

Ma situation m'avait permis de recueillir sur l'exploitation de la pêche côtière des renseignements très-difficiles à se procurer, parce que les personnes qui sont intéressées dans cette industrie ne livrent pas facilement le secret de leurs opérations et des avantages qu'elles en retirent. Ces renseignements m'avaient conduit à conclure que les capitaux engagés dans la pêche maritime ne rapportaient pas moins de 36 0/0. C'est, comme vous le voyez, de l'argent très-cher.

Il y a beaucoup de manières de faire fructifier ces capitaux. Ainsi,

par exemple, à Trouville, qui est un de nos grands centres de pêche, et
où j'ai eu souvent l'occasion d'aller, voici comment les choses se passent :

Les pêcheurs de Trouville sont en général assez aisés. Ils ont de
grands bateaux très-bien armés et outillés de grands chaluts. Dès qu'un
homme a pu réunir trois, quatre ou cinq mille francs, soit qu'il les possède, soit que ses parents l'aient aidé, ou qu'il ait emprunté cet argent,
il fait construire un bateau. Les grands bateaux de Trouville de 35 tonneaux environ, reviennent, prêts à mettre en mer, à environ 15 ou
18,000 fr. L'homme donne des à-compte au moyen de ce dont il dispose
et pour le surplus le constructeur, le gréeur, le poulieur, le cordier, etc.,
lui font crédit, de sorte que toutes les industries maritimes de Trouville
sont intéressés dans les bateaux. C'est ce qui fait que chaque fois qu'il y
a eu des levées extraordinaires à Trouville, ce n'étaient pas seulement les
marins, mais aussi ces industriels qui réclamaient, parce qu'ils se disaient :
Si les bateaux ne vont plus à la mer, on ne nous donnera pas d'à-compte
sur l'argent qui nous est dû.

Eh bien, il est certain que par cette combinaison les marins paient
leurs bateaux un tiers ou un quart au moins plus cher que s'ils les payaient
comptant ou au moyen d'un système de crédit qui leur fournirait de l'argent à un intérêt beaucoup moins élevé.

On paye un bateau quinze mille francs par exemple, en ne donnant
qu'une certaine somme comptant : combien le paicrait-on si on soldait
immédiatement tous ceux qui ont concouru à sa construction et à son armement ? c'est une chose difficile à établir, mais, enfin, soyez certain
qu'on le fait payer beaucoup plus cher dans le premier système, et cela se
comprend quand on considère que le bateau n'étant généralement pas
assuré, les fournisseurs ne seront peut-être pas payés si le bateau se perd,
car les patrons sont pour la plupart insolvables, et dès lors on vend,
de façon à se couvrir des risques que l'on court.

Il y a donc un très-grand intérêt, pour le développement de la pêche,
à ce que, par une combinaison financière, on puisse offrir le crédit aux
marins aux meilleures conditions possibles, car, je le répète, les moins
malheureux sont les exploités, et il y a une grande partie de nos côtes où
l'on ne trouve même pas à se faire exploiter.

Sans doute une grande institution de crédit aura quelque peine à
pénétrer dans les mœurs des marins et rencontrera des obstacles, parce
qu'il y a dans nos ports nombre de gens qui tirent aujourd'hui un très-

grand parti de la pêche côtière, et qui se verraient menacés par cette institution dans leurs intérêts ; mais ce sera l'œuvre du temps, comme pour beaucoup d'autres choses, et je crois qu'on pourrait, par l'argent à bon marché, améliorer singulièrement la situation du pêcheur, en lui procurant partout l'outillage nécessaire et donner ainsi un grand essor à la pêche.

Or, la pêche, tout le monde est d'accord sur ce point, est une de nos industries les plus intéressantes, non-seulement au point de vue maritime, mais au point de vue de l'alimentation, de toutes les transactions auxquelles elle donne lieu.

M. Gaudin. — Auriez-vous quelques idées sur la forme que pourrait recevoir une semblable institution de Crédit maritime ?...

M. Hennequin.— *On a pensé qu'une institution de ce genre pourrait, sinon être calquée sur celle du Crédit foncier, du moins l'imiter, qu'on pourrait créer des obligations ou lettres de gages représentant les prêts faits.*

Il y a eu déjà des sociétés de crédit maritime et elles n'ont pas été heureuses : le public sera donc, à cause de ces souvenirs, un peu difficile à attirer vers les placements de ce genre, et pour faciliter la constitution de ce capital d'une institution sérieuse, il serait désirable qu'elle reçût du Gouvernement certains encouragements, soit qu'il accordât une garantie d'intérêts, soit que d'autres moyens fussent adoptés.

M. FRAISSINET, *armateur à Marseille.*

. . . .

Ma profonde conviction est que la marine à vapeur doit forcément, sur presque tous les parcours, détruire la marine à voile, et j'attribue la langueur de la marine à voile, à la vision, chaque jour plus claire, de ce résultat, selon moi, inévitable. Depuis fort longtemps on parle de cette révolution dans les modes de transport : c'est aujourd'hui un fait accompli.

Depuis quelques années, des améliorations considérables ont été introduites dans la construction des machines, améliorations qui permettent de transporter à présent des marchandises, par bateaux à vapeur, au même prix que par les bâtiments à voiles. Et de plus, l'ouverture du canal de Suez, en abrégeant considérablement les parcours de divers points de l'Europe à différents points de l'Afrique et de l'Asie, est venue rendre possible des voyages qui étaient impossibles autrefois par la navigation à vapeur.

Si je ne craignais d'abuser de vos moments, je vous présenterais un petit tableau comparatif de la navigation à vapeur et de la navigation à voiles, qui vous démontrerait ceci : qu'un navire à vapeur passant par le canal de Suez et se rendant, par exemple, à Saïgon, a 14,000 milles à parcourir, aller et retour, pour faire son voyage; tandis que le navire à voiles a 28,170 milles. De sorte que le parcours, par le canal de Suez, pour aller de Marseille à Saïgon, est deux fois plus court que par le cap de Bonne-Espérance. C'est déjà une économie notable. Et, de plus, le bateau à vapeur pourra, en une année, faire *trois* voyages, tandis que le bâtiment à voiles, dans l'année, n'en fera qu'*un*.

Donc, si la valeur initiale du bateau à vapeur est supérieure à celle du navire à voiles; si l'intérêt, l'amortissement, les frais d'équipage, et l'assurance aussi, sont un peu plus hauts que pour les navire à voiles ; si de plus le navire à vapeur a la consommation du charbon et les droits de passage sur le canal de Suez à payer, d'un autre côté, comme il peut faire trois voyages au lieu d'un, il en résulte que presque toutes les marchandises prendront de préférence la voie du bateau à vapeur.

Et ce fait, Messieurs, s'est déjà produit. Le canal de Suez n'est ouvert que depuis le commencement de cette année, et une pareille révolution ne peut pas se faire instantanément, il faut le temps de créer un matériel. Mais nous avons déjà pu voir, de nos yeux, entrer à Marseille, des bateaux à vapeur chargés de marchandises venant de l'Inde et de la côte orientale d'Afrique, marchandises qui, autrefois, étaient entièrement transportées par les bâtiments à voiles.

Je dis ceci, Messieurs, pour expliquer l'état de langueur et de malaise de la marine à voiles. Je crois qu'on aurait tort d'attribuer à la concurrence du pavillon anglais ce qui n'est que le résultat d'une révolution dans les moyens de construction et dans toutes les routes suivies. *L'ouverture du canal de Suez introduira dans les transports généraux la même révolution qu'y a introduite, dans le temps, la découverte du cap de Bonne-Espérance.*

M. CAUMONT, *avocat, au Havre.*

. . . .

D'où proviennent donc ces souffrances dont on se plaint ?

Elles proviennent : 1° de ce que les capitaux français n'aiment pas le domaine de la mer ; 2° de ce que le crédit maritime est encore à créer et ultérieurement à protéger ; 3° de ce que les habitudes, les mœurs, le goût de la mer, et affirmons-le nettement, les langues étrangères et les relations internationales ne sont pas suffisamment cultivées par le peuple français ; 4° de ce que les forces laborieuses ne sont pas élevées à leur maximum.

. . . .

J'appelle, messieurs, les méditations de la Commission sur ces intéressantes questions et je lui demande la permission de résumer ma déposition.

En voici le sommaire :

1° *Ni révision ni suspension de la loi de 1866.*

2° *Transformation rapide du matériel de navigation.*

3° *Création du crédit maritime par l'application des warrants au navire-bâtiment de mer.*

M. LABROUSSE, *lieutenant de vaisseau en retraite.*

Je crois qu'il y aurait lieu de fonder, dans le même sens une société centrale d'encouragement pour la marine à l'imitation de la Société d'encouragement pour l'industrie. Les ports, surtout par la diminution du cabotage, demeurent trop étrangers l'un à l'autre.

A diverses époques, de grandes sociétés maritimes ont pu se fonder en France. Il est fâcheux que certaines d'entre elles n'aient pas été mieux combinées ou mieux servies par les événements ; car ce sont principalement les insuccès dont on se souvient le mieux dans les masses.

Mais enfin, il faut bien le constater, il y a, à cette heure, un certain réveil de l'esprit maritime, dont on peut, dont on doit tirer parti.

Tous les stimulants qu'on pourra lui donner seront les bienvenus, seront d'intérêt national.

On vous a parlé du Crédit maritime. J'y reviendrai, car c'est là pour moi l'objet le plus digne des méditations des représentants du pays.

Il faut le provoquer ; il faut encore faciliter l'association et surtout la coopération, qui convient particulièrement aux affaires de la mer.

Cela est singulier à dire, dans notre pays où la centralisation est poussée à l'excès, la marine n'est pas centralisée. J'en excepte une partie de ses affaires : les compagnies subventionnées, les assurances, les prêts à la grosse.

C'est à Paris qu'il faut établir le siége de la Société du Crédit maritime. C'est à Paris qu'il faut afficher tous les arrivages, tous les frets, les renseignements des douanes, les nouvelles des sémaphores, qu'il faut ouvrir une espèce de bourse maritime, avec bibliothèque, où l'on mettrait à la disposition du public ce monceau de renseignements que nous savons si bien enfouir dans les cartons des ministères. Il nous faudrait des statistiques plus portatives, à meilleur marché, en éditions populaires.

. . . .

M. PERRÉE, *capitaine au long cours de Marseille.*

. . . .

Mais, puisque jusqu'à ce jour l'argent, pour une cause ou l'autre, ne vient pas à la marine, il faut chercher à l'y attirer d'une manière détournée, c'est pourquoi une institution de crédit spécial devient une nécessité.

Nous voyons chaque jour un capitaine qui est parvenu à se faire un petit pécule par un travail incessant chercher à se créer un position indépendante, ou après s'être retiré de la mer, désirer placer son fils. S'il a 50,000 francs, il achète un navire de ce prix, mais il a un mauvais outil avec lequel il ne peut faire que de la pauvre besogne, tandis que s'il avait 80 ou 100,000 francs, il se monterait d'une manière avantageuse et il ne tarderait pas à rembourser la somme prêtée. C'est ainsi que peu à peu se sont créées des maisons d'armements de divers de nos ports, et certainement ce ne sont pas les moins capables. Ce sont des capitaines au long cours qui peu à peu ont grossi, de cette manière, leur capital et ont créé, avec leurs économies, de bonnes maisons d'armements. Aujourd'hui, ils n'ont pas beaucoup d'ardeur pour placer leurs capitaux dans la marine, mais s'il y avait une institution de crédit, peut-être pourrait-on arriver à un résultat.

M. LOCKHART, *négociant au Havre.*

. . . .

Nous ne pouvons préjuger les progrès de la science maritime, tout porte à croire qu'elle n'a pas dit son dernier mot, et que nous aurons prochainement de nouveaux progrès à enregistrer, mais *les faits actuellement connus suffisent amplement à expliquer pourquoi la marine à vapeur repousse partout la navigation à voiles. C'est tout simplement parce que celle-ci, pour laquelle le débours primitif, le capital employé paraît moindre, est en réalité la plus coûteuse des deux, parce qu'en comparant le prix de revient des transports par l'un et par l'autre, il faut tenir compte de la quantité de marchandises transportées. Un vapeur peut faire environ deux et demi à trois voyages complets, aller et retour, pendant que le navire à voiles n'en effectuera qu'un seul. Il peut donc transporter à tonnage libre égal, trois fois autant de marchandises dans le même temps. C'est-à-dite que, comme les vapeurs sont généralement beaucoup plus grands que les navires qui leur font coucurrence, 10 navires à vapeur bien menés feront autant de besogne que 50 à 60 navires; mais* à la condition de ne pas perdre à attendre leurs chargements, l'économie de temps faite pendant les traversées. *La tendance sera forcément d'organiser les services de bateaux à vapeur en lignes régulières, avec départs à jour fixe, aussi rapprochés que possible.*

. . . .

M. LAURENT, *commissaire de l'inscription maritime, Havre.*

. . . .

L'hypothèque maritime n'est pas, je le reconnais, un instrument de crédit parfait, mais c'est un instrument de crédit; combinée avec l'assurance, elle présentera, j'en suis convaincu, des avantages sérieux, notamment pour le cabotage et pour la pêche. Dans tous les cas, elle ne peut nuire à aucun intérêt, et, dès lors, rien ne s'oppose à ce qu'on donne satisfaction à ceux qui croient pouvoir utilement en tirer parti.

La pêche côtière attend avec impatience que l'hypothèque maritime soit passée dans nos codes pour lui permettre de contracter les emprunts nécessaires à l'amélioration de son matériel. L'alimentation publique est elle-même intéressée à ce que cette amélioration se réalise le plus promptement possible. Mais j'en conviens, l'hypothèque maritime et l'assurance combinées ne couvriraient pas toujours suffisamment les prêteurs. Il ne suffit pas, en effet, que l'intérêt du prêt soit régulièrement servi et que la police d'assurance, passée à l'ordre du prêteur, lui garantisse le remboursement de ses avances en cas de naufrage, il faut encore que la dette elle-même puisse être sûrement éteinte par des à-compte successifs. De la sorte, les pêcheurs acquerraient leur bateau absolument comme le cultivateur qui emprunte au Crédit agricole ou au Crédit rural acquiert son champ. Mais nos pêcheurs vivent au jour le jour, il convient de les prémunir contre leur propre imprévoyance en faisant en quelque sorte provision pour eux afin de les mettre à même de faire face à leurs engagements.

Pour cela, pas d'autre moyen, suivant moi, que l'organisation de l'écorage comme à Boulogne, à Dieppe et au Havre, par exemple.

La Commission sait ce que c'est que l'écorage ; c'est purement et simplement la vente des produits de pêche à la criée par un agent, un facteur nommé par l'autorité municipale.

Chambre de Commerce de TOULON

« Monsieur le Président,

« J'ai l'honneur de vous adresser ci-joint le dossier formé par la Chambre de Toulon au sujet de l'enquête sur la marine marchande.

« Il comprend quatre questionnaires remplis : deux pour le port de Toulon et de Saint-Nazaire, et le quatrième pour le port de Bandol.

« Il comprend, en outre, un mémoire de M. Cabirol, armateur, ancien officier de marine, qui répond également au Questionnaire.

« Deux autres documents émanés des Membres de la Chambre, sont joints aussi à cet envoi. La Chambre les a adoptés et approuvés.

« Enfin, sous le n° 1 du dossier, vous trouverez le résumé des dépositions orales ou des documents écrits que j'ai recueillis, lequel résumé contient l'expression des doléances et des vœux de la marine dans notre ressort, et que la Chambre de Commerce a convertis en délibération dans la séance du 15 de ce mois.

« *Je recommande, au nom de mes collègues, à l'attention toute particulière de la Commission d'enquête les deux documents émanés des Membres de la Chambre portant le n° 23 du présent dossier, traitant l'un de l'hypothèque maritime et des moyens d'en assurer le fonctionnement et le succès, l'autre des tendances de l'État à soustraire au commerce, contrairement à la voie que suivent l'Angleterre et l'Amérique, les fournitures et les travaux des ports militaires de l'Empire.*

« J'ai l'honneur, etc. »

MM. RABAUD et Fils, *armateurs, à Marseille.*

Mais s'il est vrai que la marine marchande française se meurt, elle ne saurait être sauvée par les réformes et les améliorations que l'on propose.

Ainsi des armateurs et des industriels, ayant des intérêts qui se rattachent à la marine, abordent-ils plus directement la question et demandent-ils aide et protection par la réforme de la loi d'assimilation des pavillons et le rétablissement des surtaxes.

D'autres, comprenant qu'il est impossible de revenir sur la loi de 1866, proposent d'accorder, comme cela se fait aux États-Unis, une prime de tant par tonneau à tous les navires français.

Selon nous, la marine marchande n'ose pas formuler sa plainte la plus sérieuse et constater la vraie cause de son infirmité.

Le vieux matériel maritime a fait son temps; le fer se substitue au bois, la vapeur à la voile, et le succès, quoi que l'on fasse, ne doit appartenir qu'à ceux qui marchent avec le progrès.

D'autres nations ont déjà fait subir à leur marine une première transformation, les navires à voiles en fer ont remplacé les navires en bois. Quelques-uns de ces navires peuvent être transformés en bateaux à vapeur.

La France n'a point ou presque point de navires à voiles en fer. *Elle doit songer à acquérir le plus tôt possible une flotte de navires à vapeur économiques et perfectionnés,* suivant les immenses progrès faits dans ces derniers temps.

Quand on a reconnu que les chemins de fer devaient remplacer les routes et les canaux, on n'a pas songé à indemniser les propriétaires de diligences, de charrettes et de bateaux, et, acceptant le progrès évident, on a voulu le favoriser, et l'on a subventionné les chemins de fer. On a bien fait !

La position aujourd'hui est identique. Les navires à voiles doivent fatalement être remplacés par les navires à vapeur. Il faut agir de même et encourager la formation d'une flotte marchande de navires à vapeur français.

COMMISSION D'ENQUÊTE

Chargée de venir en aide à la Marine marchande (1873)

Chambre de Commerce de BORDEAUX

. . . .

Nous estimons donc, monsieur le ministre, que le remède cherché par quelques armateurs à la crise générale de la navigation à voiles ne se trouvera pas dans les moyens empiriques d'une législation surannée, *mais plutôt dans l'association des capitaux pour la création des grandes lignes de steamers entre la France et les principaux ports du monde.*

M. DUPUY DE LOME

..... On a demandé à quoi servirait l'hypothèque maritime. Il est, à ma connaissance, que nous aurions fait 8,000 tonnes de navires de plus si l'hypothèque maritime avait existé, parce qu'elle aurait permis aux constructeurs de se procurer le capital nécessaire.

M. Cyprien FABRE, *armateur à Marseille.*

..... On a proposé un système de subvention, sous forme de primes, à accorder à la marine, et *j'ai voté pour. Je le dis parce que quand on entend des armateurs déclarer que la prime est leur seule planche de salut, il est bien difficile de leur enlever leur dernière illusion, même qnand on ne partage pas leur confiance dans l'efficacité du remède. Quant aux navires à vapeur, ce qu'ils demandent avant tout, c'est le capital,* et, ensuite, le dégrèvement des frais qui pèsent sur la marine.

M. DESEILLIGNY, *ministre du commerce.*

..... Je crois que les esprits sont unanimes sur la question de l'hypothèque maritime. Que reprochent en effet au projet les personnes qui n'en sont pas enthousiastes ? Il y en a qui disent que le remède n'est pas aussi efficace qu'on le croit ; mais je ne sache pas qu'aucune ait mis en doute l'utilité de la législation qui est proposée.

M. Albert ROSTAND

Il faut cependant bien faire quelque chose avant de nous séparer.

On repousse avec raison l'intervention directe du Gouvernement ; il faut alors s'attacher aux moyens qui n'intéressent le Gouvernement qu'indirectement, car il n'y en a pas d'autres... Il ne faut pas qu'on puisse dire, en employant une locution anglaise, que nous avons fait « beaucoup de philosophie » sur la question.....

Je crois qu'il serait possible de recommander au Gouvernement de favoriser par tous les moyens qui sont en son pouvoir la création de sociétés dans le genre du Crédit foncier. Tout homme habitué aux affaires de finances saura bien ce que cela veut dire. Autrement l'hypothèque maritime restera lettre morte dans l'application..... Le principe de l'hypothèque maritime a principalement pour but de pousser les capitaux vers l'industrie maritime en leur donnant une garantie de premier ordre ; et comme garantie de second ordre, le cautionnement d'une compagnie intermédiaire est indispensable. Faute de cette double garantie, elle n'aura qu'une minime importance.....

M. DESEILLIGNY, *ministre du commerce.*

L'observation de **M.** Rostand me frappe, en ce sens que jusqu'à présent nous avons pris bien peu de solutions efficaces en faveur de la marine. Les solutions présentées par la première sous-commission ne représentent que des centimes, tandis que le *principe de l'hypothèque maritime contient un germe qui peut devenir très-fécond.* . . . . . Tout à l'heure, en écoutant **M.** Rostand, je pensais à Colbert et à Andréossy, ces grands hommes qui ont fait tant de bien à la France, et *je me demandais si, placés en face de* *cette nécessité où nous sommes de développer notre marine, ils ne penseraient pas que l'État doit sortir de cette indifférence affectueuse et bienveillante, mais qui ne se traduit pas par des actes.*

. . . . . Si je me suis montré soucieux en général des intérêts du Trésor, c'est parce que j'ai fait pendant quelque temps l'intérim du ministère des finances, que j'ai travaillé à la création des impôts et que je sais combien il est difficile de trouver des ressources. *Mais je trouve que le crédit maritime mérite d'attirer toute l'attention du Gouvernement comme celle de tous les hommes qui réfléchissent en France, et qu'il y a une traduction facile à donner des idées de M. Rostand. Je suis convaincu que s'il s'était présenté une compagnie sérieuse et solide, le Gouvernement l'aurait accueillie immédiatement.* Mais peut-être ne faut-il pas attendre indéfiniment qu'elle se présente, parce qu'il pourrait être trop tard. En France on attend toujours tout du Gouvernement.

D'un autre côté, les capitaux ne se portent pas vers la marine comme en Angleterre. . . . *Il faut sortir de ce cercle vicieux.* . . . .

. . . .

Je crois que l'avis émis par la troisième sous-commission pourrait se formuler ainsi :

La Commission émet le vœu de voir le Gouvernement favoriser autant qu'il le pourra, la création et le développement des Sociétés de crédit qui se présenteraient pour venir en aide à la marine marchande. Je mets ce vœu aux voix.

(La Commission, consultée, adopte le vœu.)

EXTRAITS

DU

RAPPORT DE LA COMMISSION D'ENQUÊTE

(M. DUPUY DE LOME, Rapporteur)

ORGANISATION D'UNE SOCIÉTÉ DE CRÉDIT MARITIME

On ne saurait mettre en doute que la prompte transformation d'une grande partie de notre ancienne flotte de navires à voiles en flotte à vapeur, dotée de toutes les améliorations nouvelles, si importantes au point de vue de l'économie et de la rapidité, soit un des moyens de faire reprendre à notre industrie des transports maritimes le rang qui lui appartient...

Un groupe d'hommes considérables par leur capitaux et leur expérience a mis à l'étude, en 1872, l'organisation d'une banque spéciale pour les entreprises maritimes, qui eût constitué pour elles un instrument de crédit analogue à celui du Crédit foncier pour les opérations territoriales...

Les promoteurs de cette création se proposaient de réclamer pour elle la tutelle de l'Etat, comme cela a eu lieu pour le Crédit foncier...

Aujourd'hui que le Gouvernement n'a plus le droit d'intervenir dans la création des sociétés anonymes, il n'est pas possible de lui demander de s'occuper lui-même de la formation d'une société de Crédit maritime du genre de celle dont il vient d'être parlé.

Toutefois, la Commission, convaincue que la création rapide des nouveaux navires nécessaires au développement de notre marine marchande exigera des capitaux considérables qui excèdent sensiblement les ressources locales dont l'industrie maritime peut actuellement disposer a été unanime pour émettre le vœu de voir le Gouvernement favoriser, autant qu'il le

pourra, la création ou le développement des sociétés de Crédit qui se pré-
senteraient pour venir en aide à la marine marchande.

. . . .

Amélioration des Ports et des Voies de communication
qui les relient à l'intérieur du Pays

La Commission, après avoir étudié la question de l'outillage de nos ports de commerce, déclare qu'elle considère cet outillage comme étant, presque partout en France, très-insuffisant. Sa prompte amélioration réclame la sollicitude incessante de nos gouvernants et de nos législateurs, si on veut que les autres moyens, propres à rendre prospère la marine marchande, ne restent pas paralysés.

Cette organisation de nos ports, au point de vue des profondeurs d'eau, du développement des quais, des moyens d'embarquements et de débarque-m ts rapides, de l'expédition immédiate sans frais d'emmagasinement ni de surestaries, exige, pour être complétée, de nombreux travaux formant un total de dépenses considérable ; *aussi les améliorations exécutées par l'État sur les ressources directes de nos budgets des travaux publics ne suffiront-elles pas pour accomplir cette tâche dans des délais assez courts ; l'État devra donc, tout en faisant par lui-même une partie de ses travaux, encourager, par des moyens efficaces, l'entreprise d'un grand nombre des améliorations nécessaires à nos ports, par les départements, les communes, les chambres de commerce et l'industrie privée.*

Il est à remarquer, d'ailleurs, que c'est le commerce maritime qui supporte les charges annuelles résultant de cette manière d'opérer déjà pratiquée pour plusieurs de nos ports.

La Commission s'abstient avec intention de donner, au sujet de ces travaux, une énumération détaillée des besoins les plus urgents de chacun de nos ports de commerce. Elle ne veut qu'insister d'une manière générale ur la nécessité de les mettre en état.

Tels d'entre eux manquent, à l'entrée, de profondeur d'eau suffisante, et les navires, même de grandeur moyenne, qui fréquentent ces ports en raison de leur rayon d'action à l'intérieur, sont souvent obligés d'attendre une marée suffisante sur une rade dangereuse. Tels autres manquent de place le long de leurs quais, et les navires chargés doivent attendre, pour délivrer leur cargaison, que les officiers de port leur aient assigné une place. Pendant ce temps perdu, les frais s'élèvent jusqu'à 500 francs par jour pour un navire à voile de 1,000 tonnes, et jusqu'à 1,000 francs par jour pour un navire à vapeur de même capacité.

Dans ces tristes conditions, toute navigation dont l'aliment est un fret à prix modéré devient impossible.

Quant à l'insuffisance des ressources budgétaires pour les travaux nécessaires à nos ports, elle n'est que trop évidente.

Ainsi, au Havre, le bassin de l'Eure, pour être complétement terminé, absorberait, à lui seul, la presque totalité du crédit prévu au budget de 1873 pour l'entretien et l'amélioration de tous les ports de France.

L'urgence des travaux à entreprendre pour sauver le port de Honfleur a été reconnue par l'administration, qui ne peut lui consacrer que des ressources insuffisantes.

La plupart des ports de la Manche exigent, de leur côté, de prompts et importants accroissements, pour être mis en état de recevoir les grands bâtiments appelés, par le vœu unanime de la France et de l'Angleterre, à remplacer les petits bateaux à vapeur, si peu confortables, qui ont été, jusqu'à ce jour, affectés aux relations des deux pays. L'insuffisance de ces bateaux et les désagréments, pour ne pas dire plus, des traversées à leur bord, s'opposent incontestablement au développement naturel du mouvement des marchandises et des voyageurs entre l'Angleterre et la France.

A Bordeaux, les grands paquebots à vapeur qui fréquentent ce port, ne peuvent remonter, faute d'eau, jusque devant la ville, et sont condamnés à de coûteux et longs transbordements dans le bas de la Gironde.

Voici onze ans que la forme sèche du port de Saint-Nazaire est en voie de construction. Elle ne sera achevée, dit-on, qu'à la fin de cette année. Pendant douze ans le commerce maritime de ce port a été entravé par le défaut de cet établissement indispensable.

Pendant douze ans aussi, les capitaux annuellement consacrés par l'Etat à la continuation de cette œuvre, par petites étapes, sont demeurés improductifs.

Dans la Méditerranée, le port de Marseille attend avec impatience l'achèvement des travaux commencés, et l'insuffisance des crédits alloués au budget renvoie cet achèvement à une époque bien lointaine.

Cette observation s'applique à tous les travaux commencés ou projetés dans nos ports. Si on procède à leur exécution au moyen des crédits annuels qui pourront être portés au budget, notre commerce et notre marine en attendront les bienfaisants résultats pendant bien des années.

Si, au contraire, ces travaux pouvaient être entrepris et achevés à bref délai, à l'aide de capitaux d'emprunt, remboursables soit par le Trésor, soit par les municipalités elles-mêmes ; ou encore, si on confiait un certain nombre d'entre eux à des entreprises privées sérieuses qui les sollicitent du Gouvernement, le commerce et la marine marchande jouiraient à bref délai des améliorations nécessaires dans nos ports.

Mais ce n'est pas seulement l'amélioration de l'outillage maritime sur notre littoral que la Commission signale comme d'une urgente nécessité.

Elle est frappée, au moins autant, du besoin de rendre plus faciles et plus économiques les moyens de faire arriver les marchandises de l'intérieur vers nos ports et réciproquement.

On a souvent dit que la France manquait de fret de sortie. Cela est vrai, si on ne parle que du fret qui se présente aujourd'hui dans nos ports ; cette assertion est moins exacte si on considère celui qui s'y présentera lorsque les frais de transport seront moindres.

Nos produits métallurgiques en matériel d'usine, rails, ponts, plaques tournantes, etc., qui déjà s'exportent en quantité notable, arriveraient bien plus nombreux sur les marchés extérieurs, si les frais de transport de l'usine jusqu'au port d'embarquement, en France, étaient moins élevés. Il en serait de même des produits de l'agriculture, tels que blés, farines, pommes de terre, graines oléagineuses, fruits divers, etc. ; les guanos pénétreraient dans l'intérieur de nos terres à une bien plus grande distance qu'ils ne le font aujourd'hui ; nos charbons prendraient place eux-mêmes dans le mouvement d'exportation, et les minerais de l'Algérie, de l'île d'Elbe et de l'Espagne, arrivant jusqu'à nos forges grevés de moindres frais, s'importeraient encore en plus grande abondance pour revenir ensuite vers nos ports, en grande partie à l'état d'objets en fer œuvré.

Les frais de transport à l'intérieur, plus élevés en France que sur les voies de circulation des pays voisins, ont déjà eu pour conséquence que l'importation et l'exportation des marchandises, pour plusieurs de nos départements, se font par des ports étrangers.

Ce qu'il ne faut pas perdre de vue d'une manière générale, c'est que le fret, suffisamment abondant pour alimenter notre marine, doit être recherché surtout dans les marchandises de petite valeur, et que les produits de cette classe ne peuvent ni descendre de l'intérieur vers les ports, ni remonter des ports vers l'intérieur, s'ils sont grevés de frais de circulation qui enlèvent tout bénéfice à l'opération sur les échanges de cette nature.

La Commission signale donc, comme un complément nécessaire de l'outillage des ports, l'organisation des transports à l'intérieur au meilleur marché possible, tant sur les chemins de fer que sur les rivières et les canaux. A cet effet, il importe que nos voies navigables soient améliorées; beaucoup de nos canaux surtout doivent être approfondis, leurs écluses doivent être élargies, leurs sacs allongés, leurs ponts creusés pour y permettre l'emploi de bateaux de plus grandes dimensions.

Elle ne saurait trop insister sur la gravité du dommage causé à la marine marchande par les droits frappant la circulation de la marchandise à l'intérieur, surtout pour celle transportée sur les canaux, les rivières et par la petite vitesse des chemins de fer. Si modérés que ces droits puissent paraître, ils suffisent pour arrêter les échanges sur les produits de peu de valeur intrinsèque, et ce sont ceux-là précisément qui constituent les grands aliments du fret maritime. Il est donc à désirer que les projets d'impôt sur la petite vitesse des chemins de fer soient abandonnés.

Les considérations qui précèdent, développées dans le sein de la Commission, ont été adoptées à l'unanimité.

Paris. — Imprimerie Ve Éthiou-Pérou, rue Damiette, 2 et 4

IMPRIMERIE Ve ÉTHIOU-PÉROU, RUE D'AMIETTE, 2 ET 4